Dietmar Bauer

Una teologia dal basso

AF548478

Dietmar Bauer

Una teologia dal basso

Impulsi spirituali dalla pastorale

Edizioni Sant'Antonio

Imprint
Any brand names and product names mentioned in this book are subject to trademark, brand or patent protection and are trademarks or registered trademarks of their respective holders. The use of brand names, product names, common names, trade names, product descriptions etc. even without a particular marking in this work is in no way to be construed to mean that such names may be regarded as unrestricted in respect of trademark and brand protection legislation and could thus be used by anyone.

Cover image: www.ingimage.com

Publisher:
Edizioni Accademiche Italiane
is a trademark of
Dodo Books Indian Ocean Ltd., member of the OmniScriptum S.R.L Publishing group
str. A.Russo 15, of. 61, Chisinau-2068, Republic of Moldova Europe
Printed at: see last page
ISBN: 978-613-8-39396-2

Copyright © Dietmar Bauer
Copyright © 2021 Dodo Books Indian Ocean Ltd., member of the OmniScriptum S.R.L Publishing group

Contenuto – Scaletta

Imprimi potest: P. Provinciale Johannes Siebner SJ
Monaco di Baviera, 15. 6. 2018
Tradotto dal autore

Dietmar Bauer SJ:

Una teologia dal basso/ Impulsi spirituali dalla pastorale

A Prefazione

"Lei è un uomo delle conversazioni" – Così mi ha descritto un membro della parrocchia cattolica di St: Ludwig a Monaco di Baviera. Qui organizzo una volta al mese un "pomeriggio spirituale" per la terza età con tre o quattro impulsi spirituali, che sviluppo a partire dalle mie conversazioni con i pazienti dell'ospedale "Josephinum" a Monaco di Baviera e con gli ospiti della casa di riposo di Gröbenzell (vicino a Monaco). In quest'ospizio dirigo un gruppo di canto, al quale offro un impulso religioso ogni settimana. Lo sviluppo dei pensieri in forma di conversazioni offre agli spunti di riflessione vivacità e aderenza alla vita reale. La fonte principale dalla quale traggono origine gli impulsi è la compenetrazione degli incontri con gli anziani e i pazienti in chiave meditativa, attraverso una revisione spirituale della giornata. Gli incontri, spiritualmente ricchi e capaci di fortificare la fede, stanno alla base di molti degli impulsi. Le testimonianze dei miei interlocutori si sono spesso rivelate impressionanti e di grande stimolo alla riflessione.

Molte delle conversazioni schizzate negli impulsi assumono una profondità ancora maggiore attraverso riferimenti biblici. Questi spunti di riflessione, però, non sono il risultato di un insegnamento biblico o dogmatico, ma nascono dalla compenetrazione tra l'esperienza spirituale e il vissuto concreto. È una "teologia dal basso" a caratterizzare gli spunti di riflessione, che cercano di rileggere il quotidiano nella sua profonda dimensione teologica. Il punto di partenza di tutti gli impulsi sono gli incontri, che attraverso la preghiera silenziosa si dimostrano esempi efficaci alti contenuti teologici.

Per rendere accessibili questi pensieri ad un pubblico più ampio, il mio amico e confratello Padre Klaus Jochum SJ mi ha consigliato di pubblicare gli impulsi spirituali in un libro. A lui, che si è occupato della correzione di bozze, va il mio cordiale ringraziamento.

Monaco di Baviera, Berchmanskolleg, in marzo 2019
Dietmar Bauer SJ.

I. Esperienze con Dio

1. Dove abita Dio?

Qualche anno fa passai le vacanze in Irlanda. Insieme ad un amico gesuita, intrapresi un tour in bicicletta da Belfast a Derry (detta anche Londonderry). Scegliemmo di seguire il percorso al lato della costa. Il mare e il verde dell'isola erano meravigliosi. Un giorno scoprimmo una cappella sulla strada. Proposi di fare una pausa di un'ora per pregare. Il mio amico però non si sedette nella cappella – come me. Andò verso la costa, in direzione del mare. Qui si lasciò impressionare dall'acqua, impetuosa ed infinita. Qui trovò Dio onnipotente ed eterno. Io, invece, trovai nella cappella il Figlio di Dio, colui che si è fatto Uomo. Io dissi "tu" al mio Signore ed amico. Potrei chiedere al mio compagno: "Dai veramente del "tu" al mare impetuoso? Tu dici: "È bello!" , "È grande!", "È meraviglioso!" Ma potresti dire anche: "Tu sei bello!", "Tu sei grande!", "Tu sei meraviglioso!" L' amico, invece, potrebbe rispondere: "Non dai del "tu" solamente ad un uomo? Riconosci davvero in Gesù il Figlio di Dio, cioè Dio stesso?"

Per me Dio si è reso palpabile in Gesù Cristo. Dio si è messo in cammino verso il basso. Come recita la frase: "Dio è sempre più piccolo!", il motto di Francesco d'Assisi (1181-1226). Dio si fa bambino. Per questo il santo ha introdotto la rappresentazione del presepio. Per il mio compagno in Irlanda Dio è sempre più grande. Questo è il motto di Agostino (354-430): "Se tu pensi di aver compreso Dio, allora non è Dio!" Così anche il mare è soltanto un' immagine della grandezza di Dio, in sé non è illimitato!

Nell'Antico Testamento il re Salomone pone queste stesse domande. Costruisce un tempio per Dio a Gerusalemme (1 Re 8, 27). Ma riflette bene: Dio può abitare in un tempio? "Ecco, i cieli e i cieli dei cieli non possono contenerti, tanto meno questa casa che io ho costruita!" Significa che Dio non ha niente a che fare con la nostra terra? Dio è il sovrano lontano, che un tempo ha creato il mondo ma che ora lo abbandona al proprio destino? Il mondo è la gabbia nella quale Dio non può entrare? Se fosse così, Dio sarebbe limitato dal mondo. Così Dio non sarebbe più illimitato ed infinito. No: Dio *è nel* mondo! È significativo pensare che ogni capello del nostro capo è contato (cfr. Mt 10, 30). E dall'altro lato, è vero che Dio è molto più del mondo! Egli non si riduce alla Sua creazione.

Domanda: Lei preferisce pregare nel parco, sulle montagne, al mare – o piuttosto nella sua camera, in una cappella, davanti alla croce?

2. Da dove a dove?

Un missionario sedeva con un duca in una tenda. Un fuoco ardeva nel mezzo. La tenda era aperta nell'estremità in alto, per permettere al fumo di uscire. E mentre i due conversavano, un uccello volò nella tenda. Era già buio e fu attratto dalla luce. Fece un giro intorno al fuoco. Poi un altro giro. E ancora un terzo giro intorno alla luce. Alla fine risalì dalla tenda e tornò fuori nella notte. Allora il missionario disse al duca: "Questa è esattamente la nostra vita! Veniamo dalla notte del nulla, poi giriamo intorno del fuoco – 80, 90 oppure 100 anni. E infine ritorniamo alla notte."

Il duca rispose: "Sì, questa è la grande domanda della vita: da dove veniamo e dove andiamo? La fede cristiana può dare una riposta?" "Sì", disse il missionario. "Veniamo da Dio e andiamo a Dio!" Il duca: "Come posso immaginarmi questo?" Il missionario: "La nostra anima vive con Dio a partire della creazione del mondo. Da qui viene spedita nel nostro corpo alla giusta ora. Quando lo spermatozoo e l'ovulo si fondono, ecco che un essere umano con un'anima è formato. Questo entrare dell'anima nel corpo non è assolutamente una svalutazione o un castigo; al contrario: la vita nel corpo offre all'anima molte esperienze preziose, la rende più matura! Anche il Figlio di Dio si è fatto uomo. E ciò non rappresentò un castigo per lui: Dio Padre fece in modo che Suo figlio diventasse uomo per amore. – Così cerchiamo di spiegare da dove veniamo.

Dove andiamo, si può spiegare in maniera simile. Noi non voliamo fuori nella notte buia. No: l'anima si separa dal corpo alla fine della vita. E va a Dio. Così essa ritorna al luogo, nel quale già si trovava. Ora, però, è ricca di moltissime esperienze." Così il missionario parlò delle grandi domande della vita.

Domanda: Che cosa risponderebbe al ragazzo di nove anni che mi ha domandato: "Dov'ero prima di venire nel grembo di mia madre?"

3. La Trinità

Tutte le nostre preghiere cominciano con il segno della croce: "Nel nome del Padre e del Figlio e dello Spirito Santo." É come una cornice per il Padrenostro o per un'altra preghiera. Questo segno indica chiaramente che si tratta di una preghiera cristiana. Gli ebrei, invece, pregano più volte al giorno con le parole: "Ascolta, Israele, il Signore, nostro Dio, è l'unico Signore!" Mentre i musulmani ripetono: "Allah è grande e Maometto è il Suo profeta!" A prima vista, il cristianesimo, l'ebraismo e l'islam sono del tutto diversi. Ma soltanto a prima vista. In realtà sono molto vicini, perchè tutte le tre religioni adorano l'unico Dio.

Il *nostro* Dio, tuttavia, non è un Dio solitario. Non ha creato il mondo e l'uomo, perché esista qualcos'altro accanto a Lui, per non essere più così solo. No, il nostro Dio è Amore. Egli è diverso in se stesso. Dal Padre, l'amore fluisce al Figlio, dal Figlio allo Spirito Santo e dallo Spirito al Padre. Dio è totalmente felice. Non ha bisogno di nulla, nemmeno del mondo e dell'uomo. Ma voleva condividere la sua felicità. Ha creato il mondo attraverso la Sua parola. Ma come pensare entrambe le cose: la Trinità e il Dio unico? Il mio esempio è il matrimonio. Gli sposi sono tutto diversi l'uno dall'altra. Hanno un sesso differente. Hanno una storia diversa. E ciononostante, i due sono uno. Lasciano il padre e la madre e sono una carne sola (cfr. Mt 19, 5 s). Perchè? Perchè si amano. Se si odiassero, sarebbero due. Gli dei dell'antica Grecia hanno sempre lottato gli uni contro gli altri. Sono molti dei. Il nostro Dio è un Dio unico perchè e' Amore che muove dal Padre al Figlio, dal Figlio allo Spirito Santo e dallo Spirito ritorna alla pienezza del Padre.
Domanda: Qual è la Sua immagine di Dio? Dio è soltanto il creatore, contrapposto al nostro mondo? È Amore?

4. Dio è vicino!

"Dio è sempre più piccolo!" – così diceva Francesco d'Assisi. Per dare forma concreta a questo pensiero ha inventato il presepio di Natale: Gesù come neonato è posto in una greppia. Le rappresentazioni del presepio non sono kitsch inoffensivo o decorazione superflua, ai quali si potrebbe rinunciare a Natale. "Gesù Cristo bambino nel presepio" è invece una confessione di fede assolutamente provocatoria, che trasmette un'immagine di Dio in contrasto con quelle correnti. Le rappresentazioni del presepio nel tempo di Natale mettono in rilievo il pensiero seguente: Dio è piccolo come un uomo! Addirittura: piccolo come un bebè! Gesù bambino è Dio! - Dio, che è grande e contiene ogni cosa, nella forma di un neonato – questo è incomprensibile per molti.

La maggior parte delle persone crede che Dio sia imponente, forte e venerabile. Nella musica lirica si esprimono le grandi esperienze dell'amore, dell'odio e della vendetta con il fortissimo, con fulmine e tuono. Vale lo stesso per Dio?

Il profeta Elia (1 Re 19, 11-13) fa significativamente l'esperienza di Dio nel modo seguente: "Ecco, il Signore passò. Ci fu un vento impetuoso e gagliardo da spaccare i monti e spezzare le rocce davanti al Signore, ma il Signore non era nel vento. Dopo il vento ci fu un terremoto, ma il Signore non era nel terremoto. Dopo il terremoto ci fu un fuoco, ma il Signore non era nel fuoco. Dopo il fuoco ci fu il mormorio di un vento leggero. Come l'udì, Elia si coprì il

volto con il mantello, uscì e si fermò all'ingresso della caverna." Elia trova dunque Dio in ciò che è piccolo, mite, tranquillo!
Nella stessa maniera l'Antico Testamento (Dt 30, 11-14) parla della parola di Dio, che è molto vicina all'uomo. Si tratta del mondo di Dio, che ci è così vicino e familiare: "Questo comando che oggi ti ordino non è troppo alto per te, nè troppo lontano da te. Non è nel cielo, perchè tu dica: Chi salirà per noi in cielo, per prendercelo e farcelo udire sì che lo possiamo eseguire? Non è di là dal mare, perchè tu dica: Chi attraverserà per noi il mare per prendercelo e farcelo udire sì che lo possiamo eseguire? Anzi, questa parola è molto vicina a te, è nella tua bocca e nel tuo cuore, perchè tu la metta in pratica."
Ignazio di Loyola (1491-1556) conosce questa vicinanza di Dio. Per questo raccomanda: "Cerca e trova Dio in tutte le cose!" Per me questo vuol dire: "Cerca momenti e tempi nella tua quotidianità che sono belli e felici – e ringrazia per questo!" Ringrazia prima gli uomini chi ti hanno preparato la felicità. Poi ringrazia anche Dio, che vuole il bene per te, che ti accompagna – e che desidera che tu sia salvo!
Domanda: Per chi o per che cosa Lei può ringraziare nella Sua quotidianità all'interno della casa per anziani?
(per un buon sonno, per delle infermiere gentili, per una visita gradita, per il sole che brilla, per una lettura interessante nel giornale, per essersi divertita durante la ginnastica o rallegrata durante il gruppo di coro, per una liturgia edificante).

5. Stelle

"Le tue stelle nel prossimo mese!" – Così si legge ogni volta nella stampa scandalistica. Viene fatto l'oroscopo per ogni segno zodiacale. Se predicono cose buone, non ho nulla in contrario. Questo fortifica la fiducia in se stessi e il coraggio. Se invece predicono cose cattive, il lettore dell' oroscopo si aspetta sempre solo sfortuna ed insuccessi, che per questo motivo si verificheranno. Credere troppo nell' astro-*logia* è dunque problematico e nuoce alla fede in un Dio buono.
Interessarsi invece di astro-*nomia* può contribuire a una fiducia più profonda in Dio. Per tre anni ho vissuto con un compagno indiano nel collegio gesuita "Berchmanskolleg" a Monaco di Baviera. Lui studiava astronomia a Garching e ha scritto una tesi di dottorato sulla genesi di un nuovo sistema solare. Il suo obiettivo era quello di lavorare nell'osservatorio astronomico del Vaticano a Castel Gandolfo, vicino a Roma. Seguiva così le orme dei grandi missionari attivi in Cina nel Sei e Settecento. A quel tempo i gesuiti ricevevano una formazione anche nelle scienze naturali, cosa che suscitò l'interesse della corte imperiale di Pechino. In

particolare le loro conoscenze in astronomia hanno garantito loro una posizione dominante. Per i cinesi, il cielo non era semplicemente un ammasso di stelle, di materia. Il cielo era "il mondo del divino". La lingua inglese conosce due parole per "cielo": "sky" (il termine astronomico per indicare l'universo) e "heaven" (la parola teologica che corrisponde al mondo di Dio). La parola tedesca "Himmel" o l'italiano "cielo / cieli" sono un termine sia astronomico che teologico – il luogo delle stelle e il luogo in cui abita Dio. Per la lingua cinese è lo stesso. L'influenza dei missionari gesuiti era così grande in Cina che l'imperatore voleva dichiarare il cristianesimo religione ufficiale – cosa che poi non fece.
Anche Ignazio di Loyola si tratteneva volentieri sulla terrazza che aveva sul tetto della propria casa a Roma. E guardava le stelle. Questo lo affascinava. Scriveva: "Chi ha creato questa meraviglia, merita la nostra venerazione e dedizione!"
Domanda: Anche Lei qualche volta guarda le stelle?

6. Creazione

Vincent van Gogh e Paul Gauguin erano pittori e amici nella Francia dell' Ottocento. Una volta fecero insieme un esperimento. Si trovavano allo stesso posto, alla stessa ora – e dipingevano il municipio di Arles, nella Francia del Sud. Il risultato è sorprendente. La forma del municipio è riconoscibile nelle due immagini, questo sì! Però i colori sono del tutto diversi! Van Gogh ha dipinto in toni blu chiari, con il giallo e con colori molto luminosi. Gauguin, invece, ha preferito toni bruni e oscuri. Come spiegare questo? Perchè ci sono tante differenze? Ora, un artista pone parte della sua interiorità nell'opera d'arte. Gauguin era evidentemente di malumore. Era interiormente turbato e triste. Per questo ha utilizzato i molti colori oscuri. Van Gogh, invece, era interiormente felice e sereno. E questo è ciò che ha posto nel suo dipinto.
Quest'esperienza dell'arte si può trasferire alla religione, o meglio alla relazione fra Creatore e creazione. Il mondo intero è un'opera d'arte. Anch'esso è stato creato da un artista. E questo creatore ha posto qualcosa di se stesso nella sua creazione. 16 miliardi di anni fa dal nulla – è diventato qualcosa! Il big bang non e' comprensibile senza un Dio che l'ha originato. 13 miliardi di anni più tardi la materia si è organizzata così bene da dare forma a cellule vegetali. Per la prima volta c'era *vita* nella creazione. Qui Dio ha posto la sua interiorità nell'opera d'arte. Dio è Vita!
Dio s'espresse ancora più esplicitamente nella sua creazione quasi 200 000 anni fa. In quest'epoca si è originato l'uomo. Per la prima volta c'era *spirito* nel nostro mondo. Dio è spirito, Egli stesso. E Dio ha posto questa parte spirituale nella Sua creazione creando l'uomo.

L'uomo partecipa allo spirito di Dio! Il piccolo spirito dell'uomo e il grande spirito di Dio possono entrare in contatto l'uno con l'altro. Succede in ogni preghiera, con ciascuno di noi! Noi non siamo solamente frutto di una casualità dell'evoluzione. Siamo il coronamento della creazione! Nessuna creatura su questa terra è tanto simile al Creatore quanto noi.
Domanda: Lei ringrazia qualche volta il Suo Creatore di essere sulla terra e di averLa creata così meravigliosamente?

7. Elementi

Il filosofo greco Empedocle (490-430 a.C.) spiega il mondo a partire dalla combinazione di quattro elementi (fuoco, acqua, terra e aria). Tutto ne è composto. E in questo c'è del vero.
Il *fuoco* è un elemento particolare. Quando ero scout mi piaceva guardare nel fuoco. Il fuoco era un punto culminante nel campo. Come crepitava e scricchiolava, come faceva scintille. Come si scaldava – fino a scottare. Ciò mi tranquillizzava. Ne ero affascinato. Oggi lo so: si trattava già di un'esperienza pre-religiosa.
L'acqua è un elemento fondamentale. Di questo ho fatto esperienza con la doccia dopo lo sport. Mi alleno a fondo. Sudo e la maglia mi s'incolla addosso. La tolgo e vado in doccia. Che beneficio! Che liberazione! Mi sentivo un uomo nuovo! –
Alla scuola elementare, a sette anni, facemmo questo esperimento con la *terra*. Ogni bambino ricevette un vaso riempito di terra. Poi la maestra distribuì dei semi di crescione. Ognuno di noi doveva tastare il seme: era duro, scuro e piccolo. Dopodiché lo gettammo sulla terra. Facemmo attenzione che i semi si trovassero sotto il terriccio. Quindi collocammo il vaso sul davanzale. La maestra bagnò la superficie. Il giorno dopo non era ancora successo niente. Solo il giorno seguente spiantarono delle piantine verdi. E il giorno dopo ancora la terra era ricoperta di verde. Non ci potevo credere! Com'era stato possibile? Dei grani duri e scuri erano diventati delle piante verdi e molli. E questo senza che io facessi niente! Semplicemente con attesa e pazienza! – Ero sulle tracce del mistero della vita.
E infine *l'aria,* il respiro. Esso lascia intuire qualcosa della dinamica creativa di Dio. Durante il noviziato eravamo seduti in cerchio per la meditazione. Il maestro degli Esercizi spirituali ci invitò a concentrarci sul respiro del naso. Poi a seguirlo nella testa, nella trachea – e per quanto possibile – fino ai polmoni. Noi tutti riuscirono a percepirlo: il respiro ha a che fare con la vita e con Dio (vedi Gen 2, 7).
Domanda: Lei ha una relazione particolare con un elemento?

8. Immagini di Dio

Chi ha figli, lo sa: Tra i due e mezzo e i tre anni un bimbo impara a pregare. I genitori o le educatrici sono il modello. Parlano a qualcuno che non si può vedere. Entrano in contatto con il buon Dio. Un bambino che non ha imparato a pregare a quest'età, avrà grandi difficoltà più tardi. È il problema dei tedeschi nati nell'ex Germania dell'Est. Sono stati educati in asili nido senza religione. Se vogliono imparare a pregare oggi, continuano a chiedersi: "Dio esiste veramente? Non è tutto soltanto un'illusione?" Per questo molti tedeschi dell'Est non hanno "orecchio religioso!"

Sono veramente grato ai miei genitori e alle suore dell' asilo nido di avermi educato religiosamente. È chiaro che anch'io mi sono immaginato Dio come un *uomo anziano* con la barba bianca. Da giovane ho abbandonato quest'idea infantile. Ora la mia immagine di Dio era *l'aria*. Essa è dappertutto. Senza non possiamo vivere. L'aria è importantissima – e nonostante questo invisibile. Durante il noviziato, nell'Ordine, meditavo rivolto verso il *muro bianco*. Volevo rinunciare a tutte le immagini – come i buddisti Zen. Dio è totalmente senza oggetto. Non ha nessuna forma e la nostra immaginazione non lo comprende. (Del resto, nella stessa direzione va anche l'Islam. La moschea non conosce alcuna immagine. Solamente la calligrafia, la bella scrittura).

Io però sono cristiano! Nel Vangelo ho letto la frase di Gesù (Gv 12, 45): "Chi vede me, vede anche Colui che mi ha mandato." Significa: devo solamente guardare a *Gesù* – e saprò com'è il Padre. Così ho comprato un'icona di Cristo da appendere alla parete. È un'immagine che mostra Gesù nella sua bellezza e bontà. Davanti a Lui io medito. È a Lui che racconto la giornata trascorsa. Lui è il mio interlocutore nella preghiera.

Domanda: Che cosa La aiuta nella preghiera: una croce, un'icona, un'immagine della Madre di Dio?

9. Anima, Cielo, Dio

"Da sacerdote, Lei deve parlare così! – È la Sua professione!" Così pensano alcuni, anzi molti! Nell'antica Roma esisteva un termine per questo: *"il sorriso augurale"*. Gli auguri erano i sacerdoti romani. Osservavano il volo degli uccelli. E investigavano le viscere degli animali immolati. Volevano conoscere sempre la volontà degli dei. Quando due auguri s'incontravano, si sorridevano: era "il sorriso augurale." Sapevano infatti l'uno dell'altro: "Lui non ci crede, e nemmeno lui. Fa il suo lavoro, solo per guadagnare denaro." –

La questione comincia con l'anima. L'uomo ha veramente un'anima? Oppure è un'invenzione dei sacerdoti? Il medico e politico tedesco, vissuto nell'Ottocento, Rudolf Virchow disse una volta: "Ho operato e sezionato molte persone, ma un'anima non l'ho mai trovata!"
L'astronauta russo Gagarin fu il primo uomo nello spazio nel 1961. Ritornato, disse: "Sono stato tanto lontano lassù nel cielo. – Però non ho visto un Dio!" Queste furono le sue parole, ma probabilmente gli erano state suggerite.
Un paziente dell'ospedale mi disse una volta: "Io ho già subito molte operazioni. È come un interruttore! All'improvviso è notte. All'improvviso tutto è passato. E se la morte fosse una cosa simile?"
Tutte queste tre posizioni vogliono conoscere Dio, l'anima ed il cielo con occhi *naturali*. L'anima, invece, è spirito. Un chirurgo non *può* vederla. Dio non abita semplicemente dietro alle nubi. Un astronauta non *puo'* vedere attraverso la finestra e salutare Dio come fosse un buon vecchio conoscente. E il medico anestesista non mi porta semplicemente in cielo – e dopo qualche ora ritorno in ospedale. No! La fede in Dio, nell'anima e nel cielo non può essere soppiantata da questa gente.

10. Angelo custode

Durante la lezione di religione volevo insegnare gli angeli ai bambini di otto anni. Cominciai con la frase: "'È stato il tuo angelo custode!'– Chi ve l'ha detto già una volta?" Ne emersero belle risposte: "Quando ho avuto un incidente in bicicletta – e non mi è successo niente." - Quando ho quasi perduto un occhio, ma solo quasi!" In un secondo momento chiesi agli alunni: "Che cosa significa la frase: 'È stato il tuo angelo custode!'" I bambini erano in difficoltà. Dissero: "Hai avuto fortuna!" e "Ci è mancato poco e sarebbe andato storto!" Poi chiesi più concretamente: "Perché non si dice: ‚È stato un «uomo-custode»?' Perché si dice: ‚È stato il tuo angelo custode!'?" In seguito a un'alunna riuscì il trasferimento logico: "Si tratta di Dio! Significa che Dio ha aiutato!" Sì, un angelo è il messaggero o nunzio di Dio. Dio si manifesta, quando opera il mio angelo custode.
Alla domanda 'Che cos'è un angelo?' mi rispose un anziano fratello del nostro Ordine. Mi raccontò del suo servizio al fronte in tutta l'Europa. Mi parlò soprattutto della sua prigionia di guerra in Russia. Qui la morte era ovunque. Gli uni morivano di fame, gli altri assiderati. La vita dei prigionieri era costantemente in pericolo. E, ciononostante, il mio interlocutore sopravvisse a quest'epoca terribile. Ritornato in patria, i suoi parenti e conoscenti si rallegrarono molto. Il parroco disse: "Dobbiamo celebrare una messa di ringraziamento! C'è una ragione per lodare e adorare! Quali testi dovremmo scegliere?" Il nostro reduce rispose:

“Vorrei solamente cantare ‘Lobe den Herren’(Lodate il Signore), nel quale la terza strofa dice: ‘In wie viel Not / hat nicht der gnädige Gott / über dir Flügel gebreitet’ (In quanta miseria Dio misericordioso ha dispiegato le ali su di te).” Questo era il verso che l’aveva accompagnato e gli aveva offerto la risposta alla domanda: ‘perché sono sopravvissuto?’
Domanda: Il Suo angelo custode è già intervenuto una volta?

II. Esperienze con l'uomo

1. L'uomo e l'evoluzione

Lei ha mai provato stupore? Era una notte stellata. Guardava in cielo. Vedeva la stella polare. E sapeva: è una stella enorme - come il nostro sole, solo molto lontano! Rimaneva sopraffatta dalla grandezza dell'universo. E adesso la scienza dice che l'universo continua ad *espandersi*. Tutte le stelle si allontanano da noi! Ciò significa: erano tutte insieme una volta. E questo è calcolabile: 16 miliardi di anni fa è avvenuto il big bang. Da allora l'universo s'espande.
La domanda è: un'energia calda molti bilioni di gradi non esplode dal nulla. Dopo diversi miliardi di anni, da questa energia si è formato l'universo come noi lo conosciamo. La creazione dal nulla è in chiaro contrasto con la verità evidente: dal niente non nasce niente! Questo e' esattamente il *miracolo dell' esistenza*! Così Leibniz dice nel Settecento: "Mi stupisco che esista qualcosa – e non piuttosto niente! Il niente sarebbe più facile da spiegare !"
E tre miliardi di anni fa è successo qualcosa che non è comprensibile scientificamente: *la vita* esiste – un vero miracolo! La materia si organizza così efficacemente da rendere possibile la vita sulla terra. Questo è qualcosa di nuovo, imprevisto e non deducibile nell'evoluzione! Metabolismo e riproduzione sono solamente possibile in celle qui vivono.
E 200 000 anni fa succede nuovamente qualcosa d'imprevisto. È un salto quantico nella storia dell'evoluzione: i primi esseri dotati di spirito, d'intelletto, cominciano a popolare la terra. *Lo Spirito* scintilla. Da scimmie umane, dunque da animali, ha origine l'uomo. Dispone di ragione, coscienza, arte e religione – un vero miracolo dell'evoluzione!
Anche nella Bibbia si parla della genesi dell'uomo. Prima e' stato creato *'Adamo'*. "Adama" è una parola ebraica e significa 'essere terrestre' – si tratta di un accumulo di materia. Poi Adamo riceve *'Eva'*: "Eva" è anche un termine ebraico e si traduce con 'vita': la materia ("Adamo") è vivificata ("Eva"). E alla fine Adamo ed Eva ricevono lo spirito – (in ebraico *'Ruach'*). L'uomo nella sua spiritualità è creato. La Bibbia non sa niente dei 16 miliardi di anni che erano necessari a forme di vita razionali. La Bibbia non è un libro di scienza. Il racconto della creazione dell'Antico Testamento parla della creazione dell'uomo ("Adamo"), al quale sono stati conferiti vita ("Eva") e spirito ("Ruach").
Gli scrittori biblici stupiscono e si pongono la domanda: "Com'è possibile tutto questo?" Sullo sfondo c'è un creatore, un Dio buono – vogliono trasmettere al lettore questa convinzione.
Domanda: Per Lei tutto avviene per caso o per una conduzione superiore – o entrambe le cose?
*(La Bibbia dice **che** Dio ha creato il mondo. La scienza dice **come** Dio ha creato il mondo.)*

2. Il valore dell'uomo

Qual è il Suo valore? Lei consiste per tre quarti di "acqua"! Quindi non ha assolutamente valore! I Suoi organi sono sani? Per averli, alcuni pazienti pagano molto. Ma allora è questo il Suo "valore" di uomo? – Come uomo Lei ha un valore enorme! È impagabile! Lei non **è** solamente un corpo! – No, Lei **ha** un corpo. Lei è molto più del Suo corpo! Ha uno spirito, un io, un'anima. E questo La rende così preziosa. Ciò Le dà una dignità, la dignità umana.

È chiaro che Lei è anche un corpo. Ne può fare esperienza sul tram. Immagini di non tenersi saldo con le mani. Il tram frena – e Lei cade come un sacco di farina. In quel momento Lei fa esperienza di essere un corpo. Però Lei è anche un essere vivente. Ha cinque sensi. Lei vede, ascolta, palpa, gusta e odora. Tutto questo l'accomuna agli animali. Così come il metabolismo, la capacità di muoversi e di riprodursi. E in più – Lei può ragionare, ciò che gli animali e tutti gli altri organismi non possono fare. Ha un senso per la musica e per l'arte. E Lei è religiosa. Questo La distingue dall'animale. Anche una scimmia utilizza un bastone quando vuole scuotere una banana dall'albero. Però non le verrebbe mai in mente di decorare il bastone; gli animali sono completamente incapaci di attività artistiche. Allo stesso modo, a una scimmia non verrebbe mai in mente di seppellire i suoi defunti – verso l'Est, verso il sole ponente, che è un simbolo classico di Dio. Alla scimmia non verrebbe mai in mente di disporre un corredo funebre. Soltanto noi uomini speriamo in una vita nell'aldilà.

E come ci poniamo al riguardo? Il teologo e gesuita tedesco Karl Rahner (1904-1984) disse una volta: "L'uomo moderno è in pericolo di degradare allo stadio di animale ingegnoso." Lo spirito e la religione perdono di forza. Il corpo assume sempre più importanza.

Domanda: In quali circostanze lo spirito è più importante del corpo nella Sua quotidianità? *(Nel leggere giornali, riviste o libri, nel telefonare, nel vedere uomini buoni, nel cucinare, nel cantare, nel pregare, durante la liturgia).*

3. L'anima nell'uomo e negli animali

Conoscerete tutti i film di "Don Camillo e Peppone". Il sindaco comunista Peppone lotta contro il sacerdote cattolico Don Camillo. Un giorno un altro comunista bestemmia contro il cielo e l'aldilà. Allora Don Camillo prende 1000 Lire e le dà al bestemmiatore: "Ecco, questo è per la tua anima! Poi lei apparterrà a me!" Il comunista riflette un momento. "Va bene! Denaro facilmente guadagnato! Chiaro che lo faccio! Non esiste un'anima immortale!" Ma subito gli sorgono dei dubbi: "E se invece esiste un'anima immortale, poi la mia appartiene a

questo prete?! No, non lo faccio: 'Riprendi il tuo denaro!'" Don Camillo riprende le 1000 Lire e si rallegra: Anche la miscredenza ha i suoi dubbi, non solo la fede!
Come si può dimostrare che l'uomo ha un'anima? La filosofia naturale insegna che gli stessi animali hanno un' anima, quanto più noi uomini! Una chiocciola è provvista di un guscio. È una struttura a regola d'arte. È comparabile ad una bella pietra, forse ad un cristallo. – Ma è proprio vero? – Sì e no! Anche il cristallo è un bel corpo. Però il cristallo lo è divenuto attraverso una pressione dall'*esterno*. Forze naturali hanno contributo perché si formasse il cristallo. Il guscio della chiocciola si deve a un animale. Esso si è costruito una casa per se stesso, dall'*interno*. Esiste un centro, che governa il processo. La chiocciola voleva avere un guscio – e l'ha costruito. Essa ha un Io. Anche gli animali hanno un'anima! È evidente con un cane. Spesso nemmeno un uomo è così fedele e affezionato!
Domanda: In che misura noi uomini dobbiamo cambiare il nostro atteggiamento, se anche gli animali hanno un'anima?
(Esperimenti sugli animali, consumo di carne)

4. Arte e spiritualità

Una volta feci visita a un paziente nel mio ospedale a Monaco di Baviera. Durante la conversazione si rivelò essere uno storico dell'arte. Lavora per l'arte all'interno dell'Arcidiocesi. Parlavamo della stretta relazione fra Chiesa ed arte. - Lui: "Per me un edificio ecclesiale non è immaginabile senza arte." - Io: "A Ginevra ho visitato una chiesa calvinista: senza statue, senza quadri, senza panno sull'altare, senza candele. Una chiesa cattolica non è decorata così nemmeno il Venerdì Santo!" -
Lui: "Sì, i protestanti prendono molto sul serio i Dieci Comandamenti. Il secondo comandamento dice: 'Non ti farai idolo nè immagine alcuna di quanto è lassù nel cielo nè di quanto è quaggiù sulla terra.' (Es 20, 4). I calvinisti osservano questo comandamento, preoccupati di non attaccarsi al visibile e al superficiale. Perciò l'aspetto austero delle chiese calviniste. Dio è trascendente e supera ogni comprensione umana!" -
Io: Però Dio si è fatto uomo in Gesù Cristo!" - Lui: "È vero! Ma anche con Gesù il corpo visibile non deve stare tanto in primo piano. I pittori russi di icone digiunano e pregano molto prima di dipingere Cristo o un santo. Solo così è possibile che il fruitore entri in contatto con Dio." - Io: "Quando sono a lungo in contatto con cose esterne, l'icona di Cristo nella mia stanza mi appare severa e fuori dal mondo. Quando invece trascorro una giornata tranquilla e medito qualche ora davanti all'immagine, allora Gesù mi si presenta buono – e semplicemente

bello! Dunque dipende da me stesso l'effetto che l'icona ha su di me. Può avere una carica profonda e spirituale – e nonostante questo apparirmi superficiale e brutta."

Lui: "L'estremo opposto è il kitsch. È l'arte che vuole assolutamente piacere. Non presuppone nessun approfondimento da parte dell'osservatore. E nemmeno da se stessa. Lavorando nel settore dell'arte, questa è la mia lotta quotidiana. Voglio portare della vera arte nelle chiese. Ma il kitsch è più attraente. Una vita religiosa ha però bisogno di arte duratura. Solo così l'arte permette di entrare in contatto con Dio."

Domanda: Lei possiede un quadro di soggetto religioso nel Suo appartamento?

5. Musica e spirito

La psicologia è la scienza dell'anima. Le malattie psicosomatiche riguardano l'interazione dell'anima con il corpo. Dunque non è possibile negare che l'uomo è dotato di anima. Però come risolvere la questione dell'anima "immortale"? L'anima non dipende forse dal cervello? Se il cervello e' morto, se non si dà più attività cerebrale, allora anche ciò che in me è spirituale, l'anima, è morto.

Lo paragono volentieri ad un quartetto di Beethoven. Chi vuole ascoltare della musica, deve farsela suonare. Per questo sono necessari degli strumenti. Ciò significa che la musica non è altro che "pelo di cavallo su intestina di gatto"? (L'archetto è formato da peli di coda di cavallo. Le corde sono fatte d'intestina di gatto). Ma la musica non è forse molto più che il suono generato da un arco che passa su quattro corde? D'altra parte è chiaro: La musica non si può ascoltare senza gli strumenti. I suoni non sono immaginabili senza il contatto dell'arco sulle corde. Nel nostro mondo materiale la musica necessita di un fondamento materiale, dunque del violino, della viola e del violoncello.

Ora, io conosco musicisti che studiano le partiture. E si entusiasmano delle belle idee del compositore. Ascoltano il quartetto di Beethoven senza che lo suonino gli strumenti; è dato loro il dono dell'ascolto spirituale. E così era per Beethoven stesso. Ha ascoltato la musica a livello spirituale. E l'ha annotata su foglietti, per poi presentarla al pubblico.

È possibile che la musica sia qualcosa di spirituale, che non dipende da un fondamento materiale? Voglio applicare quest'idea alla relazione fra anima e corpo: è possibile che l'anima, prima di unirsi al corpo, sia con Dio, e che dopo la morte sia di nuovo libera e ritorni a Dio? È possibile che noi esseri spirituali abbiamo bisogno di un fondamento materiale solo su questa terra, ossia del cervello con la sua attività cerebrale? Un paziente all'ospedale mi disse una volta: "Io sono un'anima che ha un corpo!" Vale a dire: Lo spirituale è l'essenziale!

Su questa terra materiale è invece necessario un corpo per entrare in contatto con gli altri uomini, per essere visto e ascoltato.

6. Tempo

Il romanzo "Der Zauberberg" ("La montagna incantata") è un romanzo che tratta del tempo. Thomas Mann, nel 1924, vuole rispondere alla domanda: che cos'è "tempo"? Il racconto si svolge in una stazione climatica svizzera. Vi si curano i malati ai polmoni. Stanno sdraiati tutto il giorno sulla terrazza del sanatorio. Il tempo passa lentamente. I pazienti si annoiano. A posteriori non è successo niente. Il tempo tende allo zero!

Gli antichi greci distinguevano il 'chronos' dal 'kairòs'! Il cronometro, l'orologio, misurano il tempo in modo sempre uguale – esclusivamente dal punto di vista astronomico e secondo le stesse leggi: la rotazione della terra – una giornata. Il giro della luna intorno alla terra – un mese. E, alla fine, il giro della terra intorno al sole – esattamente un anno. Il tempo misurato in questo modo è sempre uguale.

Però esiste anche il tempo *riempito*, il kairòs. È il tempo degli uomini, non dei corpi celesti. Se Lei ha ricevuto una visita, e poi guarda l'orologio, si domanda con stupore: "Chi ha spostato le lancette? È davvero così tardi? Dove si è fermato il tempo?" Si sentiva allora appagato e felice. E non si è reso conto come il tempo è passato. Ma che cos'è il tempo, in effetti?

Sant' Agostino paragona il tempo ad un brano musicale. Immagini di ascoltare una melodia, che si ripete più tardi. La riconosce, perché l'ha tenuta in mente. Questa è la *ritenzione.* Lei conserva il passato nella memoria. Se ha del tempo libero, Lei può dedicare tutta la Sua attenzione al brano musicale. Così Lei vive totalmente nell'attimo, nel presente. Questa è *l'attenzione.* Poi Lei si orienta al futuro. Per questo è un po' deluso se il brano musicale continua in modo inaspettato. Aveva pensato che dovesse seguire qualcosa di diverso: anticipava l'avvenire nella Sua immaginazione. In latino: '*protensio'.*

Nella vita umana il passato, il presente e il futuro sono strettamente legati l'uno all'altro. Se, per esempio, il Suo telefono suona (presente), Le tornano in mente gli incontri passati e pensa: "si tratta sicuramente di questa persona!"(passato). Ne sarà poi confermata oppure delusa (futuro).

Domanda: Che cosa è capace di riempire il Suo tempo?

(Visite, ginnastica, canto, liturgie, feste).

7. Libertà

La professoressa d'inglese di mio nipote a Sydney vive un anno in Australia, l'anno seguente in Inghilterra, poi un anno in America ecc.! Mio nipote trovava questo modello di vita molto attraente: "Questa è libertà pura!" disse.

Sua mamma, mia cognata, rispose: "Che ne resta dei legami?" Lei si è legata a suo marito, mio fratello, e così fa esperienza di fiducia. I due si sono studiati per lungo tempo, per poi rendersi conto: noi siamo fatti l'uno per l'altra, è bene che ci leghiamo l'uno all'altra. E il filosofo tedesco Hegel (1770-1831) direbbe: "Voi siete destinati l'uno all'altra! Voi non vi realizzereste, se non vi legaste insieme. Perchè la libertà è legame alla necessita'". Questo diventa ancora più chiaro in riferimento alla mia vocazione all'Ordine dei Gesuiti.

Avrei potuto studiare qualsiasi cosa. Ero libero! Però ero attratto dalla teologia. Volevo studiare ciò che mi dà gioia e pienezza. Avevo l'impressione che se non mi fossi deciso in questa direzione, non me sarei realizzato. Io sono chiamato a questo, lo devo fare! Mi lego alla necessità! Perché: "Libertà è legame alla necessità".

Secondo Hegel il cammino che conduce alla libertà passa per il lavoro: "Arbeit macht frei!" (Il lavoro rende liberi). I nazisti hanno abusato di questa parola per i loro scopi: sopra i cancelli dei campi di concentramento era scritto "Arbeit macht frei". Si può illustrare questo con la seguente immagine: Due cavalieri lottano l'uno contro l'altro. Uno viene disarcionato, perde - e deve lavorare per il vincitore. Il primo fa il suo lavoro con disciplina. Deve rinunciare al soddisfacimento di molti bisogni. Questo gli fornisce integrità morale e un carattere fermo. Il vincitore del duello si fa servire, non lavora regolarmente, cade in balia dei propri bisogni e manca di fermezza di carattere; tutto preso a soddisfare i suoi bisogni, conduce una vita sregolata. Così perde sempre di più a livello morale.

Tutto questo spiega cosa intendono i filosofi: la libertà non va confusa con l'arbitrio, che non si lega e fa tutto ciò che vuole. Comunemente s'intende 'libertà'nel senso di *'libertà da'*. I filosofi, invece, sottolineano che la libertà presuppone un legame. Parlano sempre e soltanto di *'libertà per'*. La comprensione della libertà in senso comune è molto diversa dalla comprensione filosofica, riflettuta, di questo termine. La libertà intesa come un semplice 'liberi da' non è compatibile con la profondità e la dignità dell'uomo. Chi confonde la libertà con l'arbitro illimitato, è in pericolo di mancare il senso della propria vita.

Domanda: Lei dove si sente libero?

(Nel badare ai bambini – baby-sitting, nel leggere un libro emozionante, in una sala di concerto, in una liturgia solenne)

III. Esperienze con la religione

1. Il tabù della religione

Una volta una madre e la sua bambina mi stavano sedute di fronte sul tram. Guardavamo tutti attraverso la finestra. Poi la ragazzina lesse ad alta voce ciò che era scritto su un cartello: "Jugend-Gottesdienst" ("liturgia giovanile")! La mamma la rimproverò subito: "Pst, non si dice! È religione!" – Ciò significa: la religione non ha posto nella vita pubblica. La religione è una cosa privata! Nella società è tabù! –

Oppure un altro esempio: Una paziente all'ospedale mi racconta delle sue nozze d'oro. "Io amo ancora mio marito, ci siamo sempre trovati in tutto!"Alla mia domanda, se si fossero trovati anche *religiosamente*, lei rispose così: "Io sono religiosa. Prego ogni sera prima di addormentarmi. Però se mio marito prega accanto a me, questo non lo so. Non ne abbiamo mai parlato!" Io ero profondamente indignato! Non è possibile! Non posso condurre un buon matrimonio per 50 anni – e lasciare da parte la cosa più importante per me! La religione è un tabù al punto che non può essere affrontata neanche nella relazione di coppia?

Un altro esempio: La figlia di mia cugina è sposata in una piccola città nella Francia del Sud. Nelle grandi città si può scegliere dove mandare a scuola i figli. Esistono anche scuole private, dunque cattoliche. In questa cittadina, invece, esiste solamente *una* scuola statale. E questa è laica. Qui la religione non deve apparire. La separazione tra Stato e Chiesa è stata sancita dal parlamento francese all'inizio del XX secolo. Mia cugina dice: "la maledetta laicità! È una scuola d'irreligiosità. È molto difficile per la parrocchia compensare la laicità della scuola. La religione è tabù – si vive come se Dio non esistesse!"

La Bibbia, invece, dice: "Perché dove sono due o tre riuniti nel mio nome, io sono in mezzo a loro" (Mt 18, 20). Gesù vorrebbe che gli uomini vivessero la loro fede in comunità. Così essi potrebbero condividere le proprio esperienze spirituali.

Domanda: La religione era / è importante nel Suo matrimonio?

2. Pace senza religione?

"Si deve distruggere la religione radicalmente; poi sarà pace!" Così mi disse una volta un paziente all'ospedale. Io risposi che Hitler e Stalin non possono essere propriamente qualificati come religiosi – e i due sono responsabili della Seconda Guerra Mondiale.

Ma qual è la relazione fra religione e pace? Che nell'Antico Testamento si faccia spesso ricorso alla violenza, è un fatto evidente. Però anche il Nuovo Testamento racconta di un Gesù violento contro i sui avversari: "Guai a voi, scribi e farisei ipocriti!" (Mt 23, 27). Anche nel Corano ci sono delle sure contro gli eterodossi – per la maggior parte sono gli ebrei e i

cristiani. Essi si sono chiusi al messaggio di Maometto. Il Corano vede nella Guerra Santa il mezzo ultimo per convertire gli uomini all'Islam. A chi muore come martire, è promesso il paradiso; come ricompensa riceve 70 vergini.
È chiaro che un uomo religioso lotta con più coraggio e zelo di un non-religioso. Per quest'ultimo la morte è la fine radicale di tutto; una tale visione delle cose rischia di paralizzare qualsiasi impegno per un mondo migliore. Chi crede nell'aldilà, ha certamente più forze per questo.
Viceversa, anche una fissazione all'altro mondo deve essere evitata. La mia vita qui sulla terra è un dono prezioso di Dio. Mi è dato in custodia un bene, del quale mi devo preoccupare. I miei genitori e fratelli, i miei amici e conoscenti sono un dono ("Gabe") ed un incarico ("Aufgabe") per me. Considerando questo, non devo buttare la mia vita come i combattenti islamici, chi pensano solamente alla loro ricompensa nell'aldilà. Anche la vita terrena è importante! Abbiamo "una fede che ama la terra!" (Karl Rahner). La fuga dal mondo ("Weltflucht") è tanto negativa quanto la dipendenza dal mondo ("Weltsucht"). Non siamo attaccati al mondo con tutte le nostre forze. Ma nemmeno lo disprezziamo, guardando solamente all'aldilà.
Avere una patria in questa terra concreta nella quale viviamo, e nel mondo eterno di Dio in cui speriamo: questa concezione crea un legame tra le religioni. Così esse possono contribuire alla pace. Nella consapevolezza che la vita umana è il bene più prezioso. Nel 1986, ad Assisi, Papa Giovanni Paolo II ha invitato i rappresentanti di tutte le religioni a pregare per la pace. Papa Francesco ha fatto lo stesso nel settembre 2016.
Domanda: In quali situazioni è evidente che i rappresentati delle religioni fanno da mediatori tra fazioni nemiche?
(Francesco d'Assisi con il sultano, Nicola di Flüe prima della guerra civile in Svizzera, la Comunità di Sant'Egidio a Roma con i conflitti mondiali, Papa Francesco fra Stati Uniti e Cuba).

3. Calcio – il sostituto della religione

Nel 2006 il campionato mondiale di calcio si svolse in Germania. In quel periodo feci un anno di pastorale a Gottinga, nella Bassa Sassonia. A Gottinga aveva sede la squadra nazionale messicana. E con essa circa 400 tifosi messicani vennero nella nostra città. Bene: i messicani sono tutti cattolici. Al nostro parroco venne un'idea: Offriamo una messa domenicale in lingua spagnola. Fissammo molti cartelloni negli alberghi e nel centro città: 'Messicani, benvenuti a Gottinga e alla Santa Messa!'

Ma poi giunse la sorpresa: la sera del primo sabato c'erano circa venti persone in chiesa. E queste non erano messicani, ma tedeschi che volevano esercitare il loro spagnolo. Allora il parroco si ricordò che la squadra messicana giocava un'amichevole contro Gottinga proprio quel sabato sera. Chiaro che non c'erano tifosi in chiesa! Come potevamo sperare una cosa simile?!

Il sabato successivo non c'era di nuovo nessun tifoso a messa. Che cosa era successo? Eppure il nostro parroco non perse totalmente il coraggio. Per la terza volta, venne un prete spagnolo da Francoforte. Ma anche questa volta nessun messicano. Allora un compagno gesuita di Gottinga disse: "I messicani sono venuti in Germania per il calcio, non per la messa!" Significa: per questa gente il calcio è la cosa più importante. È un sostituto della religione. L'adorazione del calcio è comparabile alla "danza intorno al vitello d'oro (Es 32)!" Gli israeliti si crearono un Dio-Sostituto. Adoravano un toro oppure un vitello. Invece di restare fedeli a Jahwe, abbandonarono il vero Dio. E perché? Perché potevano vedere e toccare il vitello d'oro. E perché Dio è invisibile e impalpabile. Ma lo sport può davvero salvare nella vecchiaia, nella malattia e in punto di morte? Al più tardi qui è evidente, quant'è impotente il "Dio-calcio"! Il vero Dio di Gesù Cristo ha il potere di condirci a sé nella morte – come ha fatto con suo figlio.

Negli ultimi tempi il calcio ha cercato di gettare un ponte verso la religione. Nel 2001 è stata inaugurata la prima *"chiesa da stadio"* tedesca a Gelsenkirchen (Schalke 04). Prende a modello il club FC Barcellona, e ha già trovato seguito a Francoforte e a Berlino. La cappella dell'arena misura 70 metri quadrati, è una zona libera da traffici commerciali e un'oasi di silenzio e di meditazione. Vi hanno battezzato più di 700 bambini (fino al 2011), e festeggiato quasi 300 matrimoni. L'allenatore di Schalke, Jupp Heynckes, ha richiamato l'intera squadra nella chiesa dello stadio prima di partite importanti.

4. La libertà religiosa

Quando ero studente di filosofia a Monaco di Baviera seguivo un gruppo di bambini. Con altri due studenti cattolici ci riunivamo insieme a ragazzi dagli otto ai dodici anni nel Hasenbergl, una zona calda a livello sociale nel nord della città. Giocavamo, facevamo bricolage e raccontavamo storie. Il momento più importante era, due volte all'anno, la gita ad un lago bavarese (Ammersee) nel weekend. Qui il nostro Ordine dei gesuiti aveva una villa vicino alla riva. La domenica mattina andavamo alla messa dei bambini a Dießen. Il parroco ci conosceva già. Ci salutava espressamente – e teneva sempre una bella liturgia.

Una volta il piccolo Madolito, che allora aveva 10 anni, diede delle difficoltà. Si rifiutò di venire in chiesa. La spiegazione fu: "La chiesa è noiosa, non voglio!" – Io risposi: "Questo può essere vero per la maggior parte delle messe per gli adulti. Però questa è una celebrazione per bambini. È organizzata sicuramente bene!" – La risposta immediata fu: "No!" –Io gli promisi: "Se vieni con noi, riceverai un bel gelato." – La risposta fu di nuovo un chiaro "No!" – Gli domandai ostinatamente: "Per favore, vieni con noi! Quest'ora ca la puoi regalare! Per favore!" – Ma lui insisteva sul suo "No". – Allora divenni piu' severo: "Vorrei che tu venissi con noi! Stai rovinando la nostra festa! In futuro non sarai più con noi alla gita del weekend! Tu adesso vieni con noi!"
In quel momento intervenne un compagno, teologo di formazione: "Dietmar, non lo devi costringere a venire a messa! È contro la libertà religiosa! Io rimango fuori dalla chiesa con il bambino. Voi potete andare tutti alla celebrazione, mentre io bado a Madolito." – Questa fu la soluzione del teologo. E, come filosofo, io imparai una cosa molto importante: una decisione di coscienza deve essere rispettata, anche se è erronea. Nel Novecento la Chiesa cattolica rimproverava ai capi di Stato comunisti di rifiutare ai cristiani il diritto alla pratica religiosa. I comunisti, da parte loro, rispondevano: "Nemmeno voi rispettate la libertà religiosa!" – E questo era vero: la dottrina ecclesiale recitava: "l'errore non ha diritto di esistere!" Il Concilio Vaticano II, invece, aggiungeva nel 1965: L'uomo che è nell'errore, ne ha il diritto. Può ubbidire alla sua coscienza, anche se è erronea."
Domanda: Quando la Chiesa ha violato la libertà religiosa nel corso della storia?
(Streghe, eretici, crociate, cristianizzazione tramite la violenza, Galileo Galilei)
(Però: Papa Giovanni-Paolo II chiese scusa nel 1999)

5. Islam

St Michael a Monaco di Baviera è una chiesa molto grande e bella dei gesuiti. Offre un'interessante programma musicale. E anche le omelie attirano molte persone. Per questo la messa è sempre molto frequentata. Ciononostante, una volta un predicatore pose la domanda seguente: "Se St Michael dovesse avere sempre meno affluenza, se lo Stato bavarese dovesse vendere la chiesa – che cosa farne? *Primo: un museo, secondo: una sala da concerto, terzo: una moschea?"*
Convertire una chiesa in un museo non è certamente una cattiva idea. Molte chiese in Olanda sono state trasformate in centri di divertimento. L'adattamento ad una sala da concerto sarebbe però preferibile, perché la musica ha mantenuto per molti secoli uno stretto legame con la religione. Perciò la musica "sacra" è così diffusa.

Sarebbe invece immaginabile che la chiesa diventasse una moschea? Qui le opinioni divergono! Alcuni, pensando unicamente "con la pancia", dicono: "No, questo non è possibile!" Vedono nell'Islam una minaccia. Temono una colonizzazione culturale: "Tutto è possibile, solo questo: no!" Altri vedono nell'Islam una ricchezza. È una religione imparentata alla nostra, con un profilo chiaramente monoteista. L'Islam sarebbe capace di mantenere lo spirito religioso nella nostra società secolare.
Il predicatore di St Michael non diede una risposta alla domanda. Voleva solamente invitare a ragionare. A me piace vedere l'Islam positivamente. Non la lotta dei terroristi! Ma la fede profonda dei musulmani. In ospedale mi capita qualche volta di conversare sui punti in comune tra la Bibbia e il Corano. Alla fine invito alla preghiera: "Non possiamo pregare insieme, ma l'uno dopo l'altro!" Mostro la prima sura in arabo e tedesco. Chi ha frequentato una scuola di Corano conosce il testo a memoria. Stiamo un momento in silenzio. Poi il paziente comincia a recitare la sua bella preghiera. Io continuo con il testo più importante per noi cristiani: il Padre Nostro. Non do la benedizione, come farei altrimenti. Però entrambi abbiamo confessato la nostra fede.
Domanda: L'Islam è solamente una minaccia o anche una ricchezza?
(Per l'educazione degli imam in Germania / Italia).

6. Croce

Quando costruirono un nuovo asilo in una delle nostre parrocchie gesuite, il parroco voleva appendere un crocifisso in ogni stanza. La direttrice dell'asilo disse invece: "L'uomo in croce spaventa i bambini. Non possono sopportare che una persona subisca dei dolori terribili e muoia!" Conclusero che nella grande sala sarebbe stato un crocifisso – e nelle stanze dei gruppi una croce senza corpo. Perchè la croce alla parete è così importante per me? Da una parte, su una croce si concentra l'attenzione durante la preghiera individuale o comunitaria. Nel corso della routine quotidiana mi oriento al religioso e al sacro. È Gesù. Io prego verso di lui.
Dall'altra parte, la croce alla parete mostra quale spirito caratterizza un certo luogo. Così una paziente all'ospedale mi raccontò: "Mi sono svegliata nella mia stanza dopo l'operazione. E ho visto la croce – e allora sapevo: "Qui sono in buone mani! Qui si rispettano i valori cristiani!" Heinrich Böll, chi ha ricevuto il premio Nobel per la letteratura nel 1972, disse una volta: "Preferisco molto di più una società cristiana, che ha tanti difetti, ad una società pagana!"

E, infine, posso guardare a Gesù, se il paziente prova grandi dolori. "Tu soffri terribilmente! Tu pendi fra cielo e terra. Tutti ti hanno abbandonato. E nonostante questo la tua sofferenza ha un senso! Mostrami il senso delle mie pene!"

IV. Esperienze con la Chiesa

1. La Chiesa dogmatica

I riformatori Lutero, Calvino e Zwingli erano d'accordo su molte cose. Volevano riformare la religione cristiana. Volevano sovvertire il potere della Chiesa, interessata solo al denaro. La vendita delle indulgenze serviva soltanto alla costruzione del duomo di San Pietro a Roma. I papi avevano, per esempio, dei figli; il loro stile di vita era molto lontano dal Vangelo. La soluzione dei riformatori consisteva nel rendere il fedele indipendente dal servizio della Chiesa. Non c'è più niente a mediare fra Dio e l'individuo cristiano. Ciascuno e ciascuna è in relazione diretta con Dio. La Chiesa non è necessaria per la salvezza! La lettura della Bibbia è essenziale, secondo il principio 'sola scriptura'.Ogni cristiano legge la Scrittura individualmente. Così Cristo gli parla. Pregando, il fedele interpreta la parola di Dio alla luce della sua situazione, della sua vita.

Nella Chiesa cattolica del Medioevo, invece, era proibito leggere la Bibbia in una traduzione popolare (cioè non latina). Se ne temeva l'abuso da parte degli eretici. Solo Josef Franz von Allioli pubblicò nel 1830-32 una traduzione tedesca della Bibbia con l'imprimatur papale. Il Concilio Vaticano II (1962-1965) ha raccomandato la lettura della Sacra Scrittura a casa o in gruppi biblici. Fino ad allora la Bibbia era letta soprattutto durante la liturgia. Uno specialista, teologo e guida spirituale, la interpreta. Conosce i rapporti e le esigenze della sua comunità. Così aiuta il singolo affinché la parola di Dio lo possa toccare. In questo modo è mediatore fra Dio e il fedele.

E come si traduce questo in una casa di riposo? Una volta un inquilino mi disse: "Ho grande difficoltà a credere che rivedrò i miei genitori in Cielo. Lei lo crede?" Io: "Sì, lo credo! Mi appoggio alle parole di Sant'Agostino: 'Risorgere è la nostra fede, rivedere è la nostra speranza, rammentare è il nostro amore.' Che vuol dire: Nel cielo siamo tutti con Dio. Siamo una grande comunità. Siamo tutti insieme, ci rivediamo. Io lo credo!" - L'inquilino: "Se Lei lo crede, allora lo credo anch'io!" – Ciò significa: Io sono un uomo a servizio della Chiesa. Ho studiato i santi e i grandi pensatori, come Sant'Agostino. Questi sono le mie autorità. E per l'inquilino della casa di riposo io, come teologo, rappresento per così a mia volta un'autorità.

Domanda: La Chiesa (rappresentata dalle guide spirituali, dai pensatori, teologi e santi) ha importanza per la Sua fede?

2. La Chiesa ufficiale (Amtskirche)

Una volta ufficiai per la parte cattolica ad un matrimonio ecumenico. Mi trovai nella chiesa protestante con un'ora di anticipo. Così potei osservare tutto con attenzione. C'era l'altare con quattro sedie. Davanti ad esso stava la comunità. Quando ebbe inizio la liturgia, la coppia fu accompagnata dai due figli. E così tutte le sedie furono occupate. Pensai: "Dove sono i posti per il clero?" Il pastore protestante dovette allora intervenire! Si diresse verso l'ultima sedia della prima fila per la comunità. Qui era seduto il fotografo. Con poche parole lo pregò di prendere posto altrove. Tra il popolo, cioè nella comunità, siede il clero.

La disposizione dei posti nella chiesa cattolica è molto diversa che in quella protestante. Come sacerdote cattolico io siedo all'altare, di fronte al popolo. Amministro un ufficio, che l'apostolo Paolo descrive così: "Vi supplichiamo in nome di Cristo: lasciatevi riconciliare con Dio." (2. Cor 5, 20). Come amministratore di un ufficio, il sacerdote agisce "in persona Christi". Rappresenta Cristo che si rivolge alla comunità. I protestanti cercano il contatto *diretto* con Dio; non hanno bisogno di un ufficio di mediazione. Molti protestanti leggono la Bibbia, che assicura per loro l'accesso diretto a Dio. La lettura ha un carattere quasi-sacramentale, secondo il principio "sola scriptura"; i sacerdoti, in quanto responsabili dell'ufficio, e i sacramenti non sono così importanti.

Così la lettura della Scrittura e la partecipazione alla liturgia domenicale si trovano allo stesso livello. La Chiesa cattolica ribadisce sempre che è necessario partecipare alla Santa Messa per la salvezza dell'anima. I cattolici si accostano alla confessione. È il contatto più stretto del fedele con la Chiesa. Il sacerdote, come mediatore, concede l'assoluzione. La Chiesa ufficiale ("Amtskirche") gode di una cattiva reputazione per molti. Ma la parola celtica "amphat" - da cui deriva "Amt" - significa semplicemente "servizio". I sacerdoti o i diaconi ordinati vogliono prestare servizio agli uomini. Desiderano aiutarli ad entrare in contatto con Dio. Vogliono sanare, lì dove sono colpa e conflitto. Un mio amico domandò a un pastore protestante di Berlino: "Pastore, vorrei *confessarmi* con Lei, per favore!" La risposta fu: "Ragazzo, questo noi protestanti lo regoliamo *da soli* con il Signore!"

3. L' importanza della Chiesa per la salvezza

Poco prima dell'anniversario della Riforma protestante, nel 2017, vidi lo spettacolo "Luther-Pop-Oratorium" ("Oratorio pop di Lutero") a Friedberg, la mia città, vicino ad Augusta.

Soprattutto i dubbi di Lutero erano presentati in modo molto convincente. Alla dieta di Worms il riformatore chiede all'imperatore *una* giornata di tempo per riflettere. Quella notte non dorme. Solo la parola di Gesù nel Vangelo di Giovanni (15, 20) lo consola: 'Se hanno perseguitato me, perseguiteranno anche voi.' Questa parola gli dà la forza di opporrsi all'imperatore. Questo era preoccupato per l'unita' dell'impero, che potevo immaginarsi solo con *una* fede. Lutero ha seguito una decisione di coscienza: "Io sto qui e non posso agire diversamente!"

Nello spettacolo si tratta molto di potere e di denaro: la vendita delle indulgenze e la lotta dell'impero con la Francia e con lo Stato della Chiesa. Solo marginalmente sono affrontate le questioni *teologiche*. I sacerdoti e i vescovi hanno importanza? Sono indispensabili? Oppure mediano fra Dio e l'uomo senza autorizzazione? La Sacra Scrittura si interpreta da se stessa? Offre una rivelazione di Dio senza bisogno di istanze di mediazione? La parola della "sola scriptura" e' già rivelazione di Dio? Oppure è necessaria l'esegesi da parte di teologi e guide spirituali?

Una volta all'ospedale dissi "che il Concilio di Trento ha formulato il seguente..." Subito una paziente protestante mi interruppe dicendo: "Su, la finisca di parlare di concili! È tutto opera degli uomini! Che cosa ha a che fare con Dio?" Io risposi che i partecipanti dei concili erano generalmente teologi formati. Quasi tutti erano sacerdoti e vescovi. E molti avevano esperienza nella cura delle anime. Se un testo, sulla base di un grande accordo, è stato approvato da tutti i partecipanti di un concilio, allora lo Spirito Santo ha agito su questo documento: le deposizioni dei concili sono vere e vincolanti!

Questo significa: *non solo* la Sacra Scrittura, *ma anche* la tradizione della Chiesa hanno carattere di rivelazione. Vuol dire che Dio si mostra non solo nelle testimonianze della Bibbia, ma anche in ciò che i teologi formulano all'unanimità durante i concili. La teologia protestante polarizza; conosce soltanto il "o così – o così". Il "sia – sia" è cattolico.

Ora, lo spettacolo su Lutero mi ha toccato anche per questa ragione: il nostro fondatore, Ignazio di Loyola, aveva problemi simili. L'Inquisizione credeva che egli fosse un "alumbrado", un illuminato, che non ha bisogno della mediazione dalla Chiesa. È vero: gli Esercizi spirituali di Ignazio si svolgono nella propria stanza: l'esperienza spirituale personale è molto importante per lui. Ognuno contempla per quattro o cinque ore al giorno rispettivamente un testo della Bibbia.

Però ogni giorno ha luogo una conversazione con la guida degli Esercizi. Questo è spesso molto critico rispetto a ciò che ho contemplato - e alla teologia che sviluppo. Ciò significa che i processi spirituali danno frutto solamente all'interno di una comunità di fede, dunque nella

Chiesa. Dunque non è un caso che il perdono dei peccati, che è qualcosa di intimo e personale, nonostante questo sia legato alla comunità della Chiesa. È significativo che il sacerdote, durante la confessione, perdona i peccati *nel nome della Chiesa*. Questa interdipendenza tra l'interiorità e l'istituzione è caratteristica della spiritualità di Ignazio di Loyola.

L'esperienza di Dio è legata all'incarnazione di Gesù Cristo, alla Chiesa, alle testimonianze della Sacra Scrittura, ai dogmi (documenti dei concili con carattere vincolante) e ai sacramenti; l'azione di Dio in questo mondo è legata alla Chiesa.

Domanda: Che cosa Lei apprezza della Chiesa?

V. Esperienze con la vita di fede

1. I sacramenti

1.1. Eucaristia / simbolo

Per la festa della mamma sono andato da un fiorista. Aveva moltissime rose. Ne ho scelto solo una. Con questa ho fatto visita a mia madre. Le ho mostrato la rosa e ho detto: "Tanti auguri per la festa della mamma!" La rosa era il segno del mio amore per mia madre. Prima quella rosa non aveva importanza. Era un fiore fra molti. Però dicendo "Tanti auguri per la festa della mamma!" la rosa ha assunto un'importanza speciale. È diventata un simbolo o segno del mio amore.

Ora proviamo a fare un *esperimento mentale*. Ciò che sto per raccontare non è successo realmente, ma sarebbe potuto accadere. Il mio nipote 12 anni vuole *vedere* l'amore. Crede soltanto a ciò che vede. Sfoglia la rosa: toglie un petalo dopo l'altro. Non trova niente. Distrugge la rosa. E così distrugge il simbolo. Non racchiude più l'amore verso mia mamma. "Amore" e' qualcosa di invisibile e incorporeo. Nel nostro mondo ha bisogno di una concrezione. Necessita di un'espressione visibile.

Nella Santa Messa ciò che è visibile sono il pane ed il vino. Sono i segni che rimandano a un mondo trascendente. In questi segni chiari si materializza l'amore di Dio verso di noi. Nella sacrestia si trova molto pane. Viene dal panificio, è pane completamente normale. Così come la rosa, che viene dal fiorista, dunque una rosa completamente normale! Quando invece il sacerdote *benedice* il pane e ripete le parole di Gesù ("questo è il mio corpo / sangue") , allora il pane diventa un simbolo molto importante. La rosa è il simbolo del mio amore verso mia mamma. Il pane è il simbolo dell'amore di Gesù verso di noi. Per questo abbiamo tanta venerazione verso il Santo Pane. Per questo riceviamo nuovamente l'Eucaristia ad ogni celebrazione.

Il pane non è di questo mondo. E anche noi cristiani non siamo di questo mondo! Se ci comportassimo in modo tanto mondano quanto gli altri, non avremmo niente di importante da dire. Ma così siamo segni e testimoni del mondo di Dio. Un segno deve essere diverso da ciò che gli sta intorno. Altrimenti non è visibile come tale. Nel mio campo scout, molto tempo fa, le frecce della caccia al tesoro nel bosco dovevano essere chiare e distinte dai dintorni. Altrimenti non significavano niente. Altrimenti non mostravano il cammino.

Domanda: Dove Lei e' un poco diversa dei vostri dintorni secolari? *(Nell'andare in chiesa, nell'avere speranza).*

1.2. Confessione

Una volta un paziente mi disse: “La confessione è un’istituzione molto sofisticata! La guida religiosa di un gruppo sa tutto! Conosce i piccoli dettagli, tutti gli insuccessi, così come i *sentimenti* negativi di ogni membro. Se la confessione non esistesse già, si dovrebbe inventarla!”

Un altro paziente era psicoterapista. Abbiamo paragonato la sua terapia alla confessione. I suoi clienti cercano la colpa solo negli altri. L’educazione ha colpa, oppure la società, oppure la genetica. Per lo psicoterapista era straordinario scoprire che nella confessione uno dice: “*Io* sono colpevole! *Io* ho offeso l’altro, e *mi* dispiace molto!”

Per chi crede, l’ammissione della propria colpa è possibile. Ha luogo in una cornice caratterizzata da benevolenza, confidenza e misericordia. Il sacerdote non condanna. Questo lo accomuna allo psicoterapeuta. Nella confessione inoltre Dio e’ presente nel Suo figlio Gesù Cristo. E come ha trattato i peccatori Gesù? Non li ha rifiutati, ma è andato loro incontro. Ha addirittura mangiato con loro! Questa è l’atmosfera della confessione: un prete pieno di comprensione testimonia un Dio misericordioso che invita alla conversione.

I cristiani protestanti dicono qualche volta: “Voi cattolici avete vita facile! Peccate, andate a confessarvi – e tutto è perdonato!” – Sì, è vero! E nonostante questo, non è così semplice. Il mio confessore sottolinea molto l’aspetto della riparazione. Ciò vuol dire: la confessione è valida; pero è completa, soltanto se mi scuso con l’uomo che ho offeso. E questo non è tutto! Devo donargli una tavoletta di cioccolato – a nome del mio confessore. Significa: devo dirgli che vengo dalla confessione e che ho portato l’offesa arrecatagli davanti a Dio e al confessore. E se la persona ferita dice: “Non è stato così grave! É tutto risolto! Grazie per la cioccolata!”, allora provo un grande sollievo; sono liberato da un peso. Ho avvertito il perdono di Dio e dell’uomo che ho offeso.

Domanda: Lei prova il desiderio di essere perdonata da Dio?

1.3. Matrimonio

“Come può sposare oggigiorno una coppia “finché morte non vi separi!”? Un tale rimprovero mi fu rivolto da una donna della parrocchia, che era divorziata già da molti anni. Il suo matrimonio era stato un cammino di sofferenza. Aveva sopportato tutto troppo a lungo. Solo dopo qualche anno se ne rese conto e si disse: ”È meglio una fine orribile, che un orrore senza fine!” Il divorzio fu la più grande liberazione della sua vita! E non si risposerebbe mai più!

Che cosa dobbiamo pensare del matrimonio? E’ una maledizione – o una benedizione?

Nell’Antico Testamento si trova il libro di Tobia. Il giovane Tobia è condotto a Sara dall’angelo Raffaele. Questa donna ha vissuto il matrimonio come una maledizione. Ha avuto sette uomini – E tutti sono morti già nella prima notte, nella stanza nuziale. Però Tobia, l'ottavo uomo, si alza e *prega* con la moglie. (cfr. Tob 8, 4-9). E la relazione ha successo. – Il matrimonio è anche una sorta di comunità spirituale. I miei genitori parlavano a letto, la sera, della propria giornata. Si raccontavano ciò che era stato bello. E si confrontavano anche su ciò che non era andato bene. Poi pregavano insieme un Padrenostro. La religione ha un potere forte. Può tenere insieme un matrimonio. E un matrimonio dovrebbe essere aperto anche ai figli. Se una coppia non vuole avere figli per una qualche ragione, come ecclesiastico cattolico io non posso sposarli.

Anche i figli possono tenere insieme un matrimonio. Però i figli vanno amati per loro stessi! Altrimenti l'altro oppure l'altra costituisce soltanto un mezzo. L'amore vero pensa prima di tutto al partner. Desidera la felicità e la salute dell'altro. Così il matrimonio diventa una benedizione. Su un calendario ho letto: Se vuoi *diventare* felice, non sposarti! Se vuoi *rendere* felice, sposati – e *diventerai* felice tu stesso!"

Domanda: Lei consiglierebbe ai Suoi nipoti di sposarsi?

2. Fede

2.1. La fede ebraica

"Ha preparato bene il mio paracadute?" chiede il paracadutista all'addetto dell'aeroporto. Questi risponde un po' sconsideratamente: "Credo di sì!" Però "credere" significa qui "non sapere esattamente"! "Credo di sì" è troppo poco in questo contesto! Il paracadutista ha tutto il diritto di esigere dall'addetto dell'aeroporto un lavoro impeccabile al cento per cento. Per il salto dall'aereo il paracadute deve funzionare in maniera sicurissima! È questione di vita o di morte!

Del tutto diverso è il caso seguente. Il paracadutista chiede al suo *amico*: "Hai preparato bene il paracadute?" Egli risponde: "Sì, va tutto bene!" Lo sportivo dice: "Io ti credo." Qui "credere" e' una facoltà umana elevatissima. Posso credere ad un amico. Egli mi ha a cuore. Non mi tenderebbe nessuna trappola, specialmente se si tratta di vita o di morte.

E così è con Dio. Crediamo *in* Dio. Abbiamo fiducia che Lui ci abbia a cuore. Il teologo ebreo Ben-Chorin (1913-1999) disse: "La fede *di* Gesù lega noi ebrei a voi cristiani. La fede *in* Gesù ci separa." Gesù aveva una fede forte in Dio, il Padre. Noi cristiani, invece, crediamo anche in Gesù Cristo. Per noi Gesù non è solamente un uomo modello. No, lui è il Figlio di Dio. Noi non lo veneriamo solamente. No, ci mettiamo in ginocchio davanti al Lui. Noi l'adoriamo. – La fiducia in Dio è buona. Ma vogliamo anche essere giusti verso Gesù. Lui è salito sulla

croce volontariamente – per amore. Non ha gridato nè bestemmiato. Ha scusato e perdonato. Il Nuovo Testamento attesta questa convinzione: Lui è il Figlio di Dio.
Un'ospite della casa di riposo mi disse una volta: "Signore Bauer, Lei crede!" Io risposi: "Sì, Signora, io credo!" E in cuor mio pensai: "... perché io prego..." La preghiera è il fondamento. Quando un uomo non prega, la fede svanisce. La preghiera è come l'acqua quotidiana per la nostra "pianta della fede". – Io credo, perché prego!
Domanda: Qual è la Sua esperienza: la preghiera La aiuta nella Sua fede?

2.2. La fede storica

Per diverso tempo un dottore in fisica fu ospite nella nostra casa di riposo. Portava bene i suoi anni ed era molto vivace. Io lo stimavo come uomo; però appartenevamo a due mondi diversi. Una volta partecipò alla mia liturgia. Più tardi mi disse: "Tutto ciò che Lei afferma, non è dimostrato!" Io risposi così: la verità della scienza è completamente diversa dalla verità della teologia. Nella fisica, Lei fa sperimenti. Può ripeterli tante volte quanto vuole. Ciascuno può vedere con i propri occhi il risultato. Non è necessario credere. È dimostrato. Non è possibile negarlo!
La verità storica, invece, è completamente diversa. Nella storia tutto succede soltanto *una* volta. E così la maggior parte degli uomini non ne è testimone oculare. Essi devono credere a quanti hanno assistito all'evento storico. Per esempio: "Napoleone fu sconfitto a Waterloo. Io non ero presente – e neanche Lei! Però molti soldati vi parteciparono. E affrontarono la battaglia. Ne furono testimoni oculari. Ne raccontarono più tardi – e noi tutti crediamo loro. Le ripercussioni della sconfitta di Napoleone ebbero conseguenze in tutta l'Europa. I "rei per grazia imperiale" scomparvero (parzialmente). Gli effetti sullo scenario politico consolidano la nostra fede nell'evento. Però non è niente di dimostrato fisicamente!
E così è anche nella teologia: non è provato che Gesù sia risorto. Nessuno di noi era presente a quel tempo, 2000 anni fa. Però ci sono testimoni oculari, che hanno raccontato la loro esperienza con il Risorto. Noi oggi crediamo loro. E la fede è consolidata dalle ripercussioni storiche dell'evento. Gli apostoli hanno rischiato la loro vita per questo messaggio – e una grande parte di loro l'ha perduta. Il cristianesimo ha ottenuto sempre più seguaci. Ed è diventato la religione più diffusa al mondo."
Domanda: Lei crede nella risurrezione di Gesù:
- perché i discepoli l'hanno vissuta e testimoniata
- oppure Lei crede a Suoi genitori, insegnanti e parrochi?

2.3. La fede spirituale

"Die Botschaft hör' ich wohl, allein mir fehlt der Glaube!" ("Io ascolto bene il messaggio, però mi manca la fede!") (Faust I, 765). Così afferma l'erudito Faust nella tragedia di Goethe. In modo simile parlano qualche volta gli inquilini della casa di riposo. Io racconto della nostra speranza cristiana, descrivo la vita con Dio, dipingo il Cielo – e dopo chiedo: "Lei ci crede?" E un'inquilina muta risponde scuotendo la testa, dunque "no". La risposta di un'altra anziana è simile, però più ampia. Dice: "No, non ci credo! – Però lo spero!" Bene, questo mi poteva andare!

Non si tratta di una fede di tipo scientifico. Il Cielo non è dimostrabile come le leggi matematiche o fisiche. La fede ha a fare con la *fiducia*! Molti inquilini hanno esercitato la propria fede per tutta la vita. "Senza la mia fede sarei già a pezzi!" Così mi disse una signora anziana durante la conversazione pastorale. Per lei la fede era più che un accessorio alla sua vita. Lei viveva a partire dalla sua fede. Era molto religiosa. E la fede l'aiutò. Provava grandi sofferenze. E si rese conto che Maria come madre con il bambino non era più il riferimento giusto per lei. Così le diedi un'immagine della Madonna addolorata, che tiene in grembo il figlio morto. Questa era l'immagine che ora interpellava quell'inquilina. Così poteva continuare nella sua devozione mariana, poiché anche la sua concezione della Madonna era cambiata.

Un altro ospite della casa di riposo mi raccontò della sua dura vita: da bambino aveva una malattia che gli impediva di parlare se non con grande difficoltà. Balbettava e faticava a comunicare. La sua malattia e il suo handicap incombevano come un'ombra buia sulla sua vita. Io domandai: "Lei direbbe che la Sua vita era piena, nonostante questo?" Lui rispose: "Era piena, quando pregavo!" Rimasi molto impressionato da questa testimonianza di fede!

Nel mio gruppo di canto nella casa di riposo parlavo di "Maria che scioglie i nodi". Scioglie per esempio problemi matrimoniali. Un'inquilina disse: "Non ho mai avuto problemi matrimoniali! Ho amato molto mio marito!" Io risposi: "Per questo La si deve davvero chiamare felice! Suo marito era un dono di Dio per Lei!" – Anche questa fu una bella testimonianza!

Domanda: Lei conosce persone che sono o erano molto religiose e che rappresentano un modello per Lei?

2.4. Fiducia

Una volta feci visita a un paziente nell'ospedale Josephinum, un uomo giovane, che mi disse già all'inizio dell'incontro: "Io sono ateo! Ho studiato ingegneria!" Io risposi: "Lo capisco bene. Lei ha studiato molta fisica, che si occupa di ciò che è visibile e dimostrabile! Nella

teologia si tratta di fede e di fiducia!" Ma parlammo della sua malattia: dello strappo al legamento crociato, dei due dottori che non avevano riconosciuto il problema, del consiglio della sua partner di rivolgersi allo Josephinum, al Dott. "tal dei tali", che comprese veramente il problema, del grande sollievo per il paziente, della sua fiducia in questo medico, e infine dell'operazione del giorno prima, che si era conclusa bene.
In qualità di guida spirituale parlavo della "*fiducia* nel medico". Chiesi: "Che cos'è in realtà "fiducia"? Lei ha fatto per due volte esperienza del contrario: questo genera sfiducia! La fiducia invece è una forza che permette di tirare un sospiro di sollievo. È una bellissima esperienza fidarsi di un'altra persona, per esempio del Suo medico o della Sua partner. Può ringraziarlo per il suo consiglio. Ne ha fiducia. Però, per fare questo, Lei deve relativizzare la Sua visione scientifica di ingegnere. Lei non può dimostrare scientificamente l'amore della partner. Si può semplicemente fidare. Forse Lei qualche volta fa esperienza di sfiducia: Quando, per esempio, la Sua partner parla troppo spesso di un altro uomo. Quando non Le dice: "Ti amo!" per diverso tempo. Ma poi Lei fa di nuovo esperienza dei tempi comuni, nei quali i dubbi spariscono a favore di una grande fiducia.
Simile è per la fede cristiana e per ogni forma di religiosità: ci sono molti dubbi e molta sfiducia, ma c'è anche il contrario. Si tratta dell'esperienza: "Ci sono uomini di cui posso fidarmi! E quest'idea può diventare dominante: Gli uomini sono buoni. La vita e' bella. Il mondo, nel suo insieme, è affidabile!" E questo è già un atteggiamento religioso. Esiste un Dio di cui mi posso fidare – così come mi fido del mio medico e della mia partner."
Domanda: Come si può imparare la fiducia in Dio?
(Per esempio con qualche "Grazie, Signore!" durante la revisione della giornata)

2.5. Vergelt's Gott!

"Vergelt's Gott!" – "Che Dio lo ricompensi!" – dice qualche inquilino della casa di riposo. È il loro modo di dire "grazie". Io rispondo con "Segne's Gott!" – "Che Dio lo benedica!" È soltanto una frase fatta? Lo si dice senza pensarci, senza intenderlo sul serio? È un luogo comune? Colei che parla vuole ringraziarmi, è chiaro. Ma non vuole limitarsi alle relazioni fra noi uomini. Desidera coinvolgere Dio. Dio deve ricompensare l'azione buona. Ma un'azione buona non si ricompensa da se stessa? In tedesco c'è un proverbio. "Come il mio grido, così è l'eco!" Se io sono buono con i prossimi, essi lo sono anche con me.
E nella casa di riposo lo posso notare bene. Chi ha un'attitudine positiva verso la casa e gli inquilini, ha anche contatto con le altre persone e riceve visite. Una donna anziana era una persona davvero amata dalla gente. Ma che ne è delle altre, che sono più in difficoltà? Non

possono mostrare una faccia raggiante. Non possono ridere così spesso e così fragorosamente. Gli altri non si sentono attratti da loro. È vero anche per loro il proverbio: "Come il mio grido, così è l'eco!"?

Molte inquiline avrebbero volentieri più contatto con altre persone – ma ciò non è possibile. Alcune di loro erano state sole per tutta la vita. Sono abituate alla solitudine. Ma il desiderio che una persona le ascolti che si prenda del tempo per loro, le comprenda – questo desiderio è grande. Conversazioni di questo genere, durante le quali persone solitarie si sentono comprese, sono il punto culminante del mio lavoro pastorale. Alla fine dell'incontro preghiamo un Padrenostro. Ringraziamo Dio per l'ora passata insieme. Dio ha donato all'inquilina la forza ed il coraggio di aprirsi. E ha donato alla guida spirituale l'empatia e le parole giuste. "Che Dio lo ricompensi!" – "Che Dio lo benedica!" significa allora: Dio *ha* già agito. *Ha* già ricompensato: perché entrambi escono con gioia dalla conversazione.

Domanda: Per Lei Dio è solo nel cielo – oppure agisce anche qui, sulla terra?

2.6. Per Dio

"Non lo faccio per Dio! – Lui non ha bisogno di niente da mangiare!" Così mi disse un'ospite della casa di riposo in mia presenza. Il contesto era il seguente: Nella struttura ci sono spesso avanzi dalla prima colazione o dalla cena. Ciò che torna indietro non consumato, viene bruciato. Allora un'inquilina ha preso l'iniziativa. Si è attivata affinché anche qualche altra ospite raccolga le porzioni di cibo non usate e non aperte, che poi le vengono consegnate. Questa conosce una famiglia con molti figli. La madre viene regolarmente nella struttura e ritira gli avanzi. E com'è grata, questa donna! Ha molto bisogno dell'elemosina, perché è finanziariamente quasi sempre in difficoltà. La raccolta degli avanzi è un'opera buona delle inquiline, che suscita gratitudine e riconoscimento. Durante la conversazione personale chiesi all'organizzatrice dell'iniziativa: "Che cosa farebbe, se le infermiere (della casa di riposo) si dimostrassero indifferenti al Suo impegno? Lo porterebbe avanti comunque? Si lascia condizionare dalla lode delle infermiere?"

Lei rispose: "Io lo faccio per la povera *madre di famiglia*. Se *lei* dicesse: "Posso rinunciare alle Sue cose!" - allora concluderei l'iniziativa. E, nonostante questo, buttare via del buon cibo rappresenterebbe un dolore e un peso per me. È una vergogna! È quasi un reato, se si pensa alla fame nel mondo. Ed è un peccato nei confronti del *Creatore*! Lui ha fatto crescere i buoni frutti. Lui ha benedetto i campi ed i giardini. E noi buttiamo via le cose! Questo sarebbe stato impossibile nel dopoguerra! Eravamo poveri, ed eravamo grati per tutto il cibo. Credo che si debba essere anziani come noi per apprezzare i doni di Dio!" "Sì", dissi io. "Lei lo fa

per Dio! Dio non ha bisogno di niente da mangiare – Lei ha assolutamente ragione! – Ma questi sono i Suoi doni. E se noi li condividiamo e non li distruggiamo, onoriamo Dio."
Domanda: Il motivo di una buona azione è anche per Lei qualche volta: "Lo faccio *per Dio*"?

2.7. Sorgenti di forza

Una volta una paziente dell'ospedale mi raccontò: "Avevo un tumore maligno. Il primario stesso si è seduto accanto al mio letto e ha detto: "Signora! Noi medici facciamo tutto ciò che è in nostro potere per salvare la Sua vita. Ma Lei è pronta ad affrontare questa fatica e di sottoporsi ad una chemioterapia?" In quel momento sono rimasta con il fiato sospeso e avrei voluto rispondere: "No, non sono pronta!" Ma poi ho pensato tra me e me: se i medici fanno tutto il possibile, allora faccio anch'io tutto ciò che mi è possibile. Così ho detto: "Sì" - E sono guarita!"
La "medical compliance", cioè la disponibilità a di fidarsi dei medici e di obbedire alle loro prescrizioni, rappresenta un grande problema per alcuni pazienti. Ricevono diverse pillole al giorno, che hanno tutte effetti collaterali. Perciò il medico deve prescrivere altri medicinali. Ci sono pazienti che conoscono bene questo problema e sono tentati di non rivolgersi ad un medico per non dover prendere le pillole. Ma questo comporta spesso conseguenze fatali; non è raccomandabile come via d'uscita.
A causa delle carenze della medicina tradizionale sempre più pazienti si rivolgono ad un naturopata. Questi offre generalmente medicicinali a base esclusivamente vegetale. Raccomanda, inoltre, di non agire soltanto sul corpo, ma anche sull'anima. Una volta un ospite della casa di riposo mi raccontò: "Avevo una dipendenza dall'alcol e ho partecipato regolarmente agli incontri degli Alcolisti Anonimi (AA). L a conversazione nel gruppo era importante: il confronto sulle situazioni che avrebbero potuto causare una ricaduta. Anche la preghiera ha avuto importanza. La maggior parte degli AA aveva un rapporto positivo con la preghiera e la meditazione. Io mi ero comprato un bel crocifisso. L'avevo appeso nel mio soggiorno. Portavo continuamente lo sguardo su Gesù. E gli parlavo: "Quanto hai sofferto! E non hai desistito! No, sei rimasto fedele a te stesso, ai tuoi amici e al tuo Dio! Donami un po' della tua forza!" E l'ospite continuò: "E da allora non ho toccato più alcol – fino ad oggi!"
Domanda: Che cosa Le dà la forza di affrontare ogni fatica?
(La famiglia, per esempio i nipoti, gli amici, la liturgia, la preghiera).

3. Opere

3.1. La fede e le opere

Forse alcuni di Voi conoscono il romanzo di Franz Werfel: 'Il cielo rubato' ('Der veruntreute Himmel'), del 1939. Zia Theta dona tutti i suoi risparmi a suo nipote, così che possa studiare teologia, diventare prete ed assicurarle un posto in Cielo. All'inizio la zia è pienamente fiduciosa in suo nipote. Poi cresce la sfiducia. Infine lo va a trovare. E casca dalle nuvole. Egli vive insieme ad una donna. Non studia niente e non lavora neppure. Vive del suo denaro, che si era guadagnata duramente e che aveva messo da parte. Così zia Theta deve conoscere, piena di delusione: Non si può comprare il Cielo! – Ma non si può *fare* veramente *niente* per il Cielo? Le nostre opere non hanno nessun valore per Dio?
Secondo Martin Lutero la salvezza è garantita "sola fide", cioè per mezzo della sola fede. La Chiesa cattolica afferma invece: "Così anche la fede: se non ha le opere, è morta in se stessa." (Gc 2, 17). Fra la guida protestante Filippo Melantone ed il teologo gesuita Pietro Canisio ebbe luogo un dibattito molto importante, che avrebbe forse evitato lo scisma tra le due Chiese. Si trovarono concordi sulla geniale formula: "Beata è la fede che ha effetti nell'amore!" Ma quest'occasione storica non ebbe conseguenze effettive! Per i protestanti più rigidi si dava troppo peso alle *opere* nella Chiesa cattolica. -
C'è un'inquilina della casa di riposo che è ancora in forma, considerata l'età. Mette a disposizione le sue forze ed il suo tempo libero per aiutare le infermiere. I suoi piccoli servizi alleggeriscono il personale d'assistenza. Lei si offre dove si deve curare intensamente – e dove le infermieri non hanno il tempo. Durante la conversazione pastorale nella sua camera le dissi: "Le infermiere vedono molto bene i Suoi servizi. E loro li apprezzano. Ed anche il Buon Dio La vede molto bene e L'apprezza!" La donna anziana ha risposto: "Poi io preferisco molto, che il Buon Dio mi veda!" Questa significa, che lei non fa il lavoro per essere lodata dagli uomini. Lei vuole piacere a Dio – questo e' sufficiente a lei. Le *opere* risultano organicamente dalla sua *fede.*
Domanda: Lei fa il suo lavoro: perché deve essere fatto, per la Sua famiglia – oppure per il Buon Dio?

3.2. Portare un peso

"Sono solamente un peso! Sono diventata così vecchia! Chi se lo sarebbe immaginato così? Adesso sono solo un caso da assistere, solo un peso!" Così mi disse un'ospite della casa di riposo. "Mia figlia viene a trovarmi quasi ogni giorno. Lei si prende molta cura di me. Ma ogni tanto vuole andare anche in vacanza. Non può: per causa mia! Sono solamente un peso per lei!" Durante la conversazione risposi: "In passato anche Lei si è presa molta cura di Sua

figlia! Anche Lei si alzava di notte, se la bimba gridava. Anche Lei si è preoccupata per Sua figlia e non ha pensato a se stessa. Anche Lei l'ha ascoltata quando aveva un problema. Ora Sua figlia mostra di amare la sua mamma. Ora esprime La sua gratitudine. Lei è la Sua parente più prossima!" E raccontai questa storia: "un giorno un ragazzo stava portando un altro bimbo sulla schiena. Passò un uomo e disse: "Povero ragazzo! Devi portare un peso così oneroso!" Il ragazzo rispose: Non è affatto un peso! È mio fratello!"
Avevo uno zio, che fece un incidente in bicicletta. Rimase in coma vigile per otto anni. All'inizio mia zia, sua moglie, non permetteva di andarlo a trovare in casa di cura. Voleva che ci ricordassimo di lui come di un uomo sano. Però i miei genitori ed io, in particolare, volevamo vedere lo zio. In fondo era il mio padrino di cresima. E avevo una buona relazione con lui. Durante le mie visite gli raccontavo ciò che avevamo vissuto insieme. Qualche volta girava la testa verso me. Mi capiva? La volta successiva erano presenti anche altre zie e cugini. E la camera dello zio malato divenne un luogo di ritrovo familiare. Dopo la visita in casa di cura andavamo sempre al ristorante. A modo suo lo zio malato aveva riunito la famiglia.

3.3. Un bicchiere di acqua fresca

Nel treno da Francoforte a Monaco di Baviera mi sedeva vicino un giovane di colore. Quando passò il carrello delle bevande, lui prese una bottiglia di aranciata. Il commesso gli ha chiesto 2,50 €, allora il giovane ripose subito la bottiglia. Ed il commesso sparì. Io avevo quindi osservato che l'uomo era assetato, ma non aveva soldi. Per prima cosa pensai: "Avrebbe potuto portare con sé qualcosa da bere. È chiaro che viene sete durante un viaggio così lungo. È colpa sua – non lo si deve aiutare!" Poi, però, un'altra voce in me si fece più forte: "*Tu* potresti aiutarlo! Tu hai appresso più d'un litro d'acqua frizzante!" L'altra voce diceva invece: "Devi di nuovo immischiarti. Tu, che credi di poter salvare il mondo!" E pensai a Gesù, che ha detto: "E chi avrà dato anche solo un bicchiere di acqua fresca a uno di questi piccoli: ... non perderà la sua ricompensa." (Mt 10, 42).
Dopo qualche andirivieni mi avvicinai a questo giovane di colore con la mia bottiglia. Aveva gli occhi chiusi. Lo toccai e gli offrì dell'acqua frizzante. Ne bevve qualche sorso, ringraziò e mi restituì la bottiglia. Poi gli domandai in inglese: "Da dove viene Lei?" Rispose: "Dalla Somalia!" Mi raccontò della guerra nel suo Paese, e di come avevano ucciso suo padre. Gli vennero le lacrime negli occhi. Continuò dicendo com'è bella la Germania, perché qui c'è la pace. E come sono belle le donne tedesche! È chiaro che non poteva concepire perché io non fossi sposato. Però potei spiegargli che la preghiera rende sopportabile la rinuncia. Egli stesso

era musulmano e pregava tre volte al giorno. Così ci siamo compresi oltre i limiti delle rispettive religioni. Bevemmo acqua frizzante, poi mangiammo una mela ciascuno e alla fine una cioccolata. Ci separammo con l'augurio della benedizione di Dio.
Domanda: Lei è favorevole all'accoglienza dei profughi di guerra nel nostro Paese?

3. 4. Teodicea – Dio davanti al tribunal

Una volta un'inquilina della casa di riposo mi disse: "È successa di nuovo un'enorme catastrofe. Tante persone innocenti hanno perso la vita. E Dio dov'è? Si può davvero cominciare a dubitare. Ma Dio esiste in realtà?" – così chiedeva l'inquilina. E non era la sola: nella storia del pensiero europeo esiste un evento che ha scosso la fede di molte persone in un Dio buono, preparando l'ateismo dell'Otto e Novecento: è il grande terremoto del 1° novembre 1755 in Portogallo. Moltissime persone persero la vita. Ed il filosofo Voltaire perse la fede. Ragionava in questo modo: "Se Dio vuole eliminare la sventura dal mondo, ma non n'è in grado – allora non è onnipotente. Se Dio è in grado di eliminare la sventura, ma non lo vuole – allora non è buono. Un Dio non buono è un Dio cattivo, un diavolo, che dev'essere combattuto. Un Dio non onnipotente è un Dio fiacco, non un Dio vero. Anche questo dev'essere combattuto!" E così Voltaire lottò contro Dio e la religione per tutta la sua vita.
Qual è la *nostra* posizione? Nel 2004 ci fu un terribile tsunami – causato da un maremoto nel Sud-est asiatico. Poco dopo comprai due riviste italiane: l''Espresso', che è di sinistra e anticlericale. E la 'Famiglia Cristiana', che è cattolica. L''Espresso' descrisse tutti i danni causati dallo tsunami. Riportò il numero dei feriti e dei morti. Allora mi dissi, come lettore: "Come Dio può tollerare questo? – Dio non esiste affatto!" Poi lessi la 'Famiglia Cristiana'. Anche questa rivista descriveva i danni, i feriti ed i morti. Però poi veniva presentata una suora, che organizzava gli aiuti nel suo paese. E la stessa rivista parlava anche di un sacerdote nella città, che aveva studiato a Roma e che continuava a curare i rapporti con questa metropoli. I suoi contatti gli permisero di raccogliere molto denaro per gli sventurati del suo Paese. Ora mi dissi, come lettore: "Grazie a Dio perché esiste la Chiesa Cattolica, che si spende in modo così convincente per i poveri!"
Domanda: Quali esperienze L'aiutano a mantenere la Sua fede?
(Genitori religiosi, sacerdote modello, suora attiva nella parrocchia)

Un'inquilina della casa di riposo mi raccontò: "Mio marito aveva un carattere molto dominante: mi ha messo a lavorare in fabbrica, dove guadagnavo bene. E spendeva i soldi ogni due anni per comprarsi una macchina nuova. Io avrei divorziato da tempo, se avessi saputo dove andarmene con i miei due figli." Questo raccontò la signora. In un matrimonio può andare così! – O anche così, come raccontò un'altra inquilina: "Io amavo molto mio marito. Non abbiamo quasi mai litigato. Ci completavamo meravigliosamente. Purtroppo lui è morto troppo presto. Io cerco di continuare a vivere. La morte è così brutta!"
Anche la tradizione cristiana conosce due modelli, quanto alla relazione 'uomo – donna'. C'è "l'Inno alla Carità" della prima lettera dell'apostolo Paolo ai Corinzi. È molto adatto per la lettura delle nozze. "La carità è paziente, è benigna la carità; non è invidiosa la carità, non si vanta, non si gonfia." (1 Cor 13, 4). I due partner stanno allo stesso livello. La donna è rispettata e venerata. Non è uguagliata all'uomo nel suo essere ma nella sua posizione! –
Del tutto diversa è la lettera di San Paolo agli *Efesini* (Ef 5, 21 e sgg.). Si dice: "Siate sottomessi gli uni agli altri nel timore di Cristo. Le mogli siano sottomesse ai mariti come al Signore; il marito infatti è capo della moglie, come anche Cristo è capo della Chiesa."
L'uomo dunque è il signore, la donna è la serva. E molte donne hanno fatto esperienza di questo dislivello nel loro matrimonio. E ne hanno sofferto!
È significativo che abbia sentito la lettera agli Efesini solo una volta nella Messa nuziale. E questo, senza che il predicatore abbia cercato di correggere il rapporto uomo-donna della lettera. Per me era incomprensibile e scandaloso! Proprio la Chiesa deve lottare oggi per l'uguaglianza di entrambi i sessi. E questo implica anche – a mio parere – , che sia possibile il diaconato femminile.
Domanda: Lei è favorevole o contrario al diaconato femminile?
Lei è favorevole o contrario all'impegno delle donne nei servizi della Chiesa?

3.6. L'amore per gli animali

Una volta celebrai un battesimo per una famiglia di amici nella chiesa parrocchiale di St. Maximilian a Monaco di Baviera. Indossavo già il camice liturgico. In quel momento entrò in chiesa un signore con cane. Subito pensai: "Non è possibile! – Non si può portare a passeggio un animale in chiesa! – Devo dirlo al parroco!" Lo sconosciuto mi strinse la mano e mi disse: "Buonasera, il mio nome è Schießler, sono il parroco qui!" Più tardi appresi che a St. Maximilian si celebrano anche liturgie per gli animali. Ciascuno può portare il suo animale domestico e il sacerdote lo benedice.

Il riferimento biblico è la fine del Vangelo di Marco: "Andate in tutto il mondo e predicate il vangelo ad ogni *creatura*!" (Mc 16, 15). Matteo, cambiando il suo modello, scrive: "Andate dunque e ammaestrate tutte le *nazioni*...." (Mt 28, 19). Ora, ci sono e ci furono sempre dei cristiani che avevano a cuore la versione originale, dunque quella di Marco. In particolare Francesco d'Assisi! Oggi è il patrono degli animalisti. Ha addomesticato, per esempio, il lupo di Gubbio nell'Italia centrale. L'animale continuava a razziare pecore dal gregge. I pastori lo attaccarono con asce e coltelli. Ma questi non si lasciò ammazzare. Allora Francesco d'Assisi cercò di farlo a modo suo: disarmato, si avvicinò lentamente al lupo. L'animale si rese conto che questo "bipede" era diverso dagli altri. Si lasciò addirittura toccare e accarezzare da Francesco. Il santo mediò fra il lupo ed i pastori. Essi rinunciavano regolarmente ad una pecora ammalata. Ed il lupo rinunciava ad attaccare le pecore sane. –

Con i miei tre nipoti non celebrai una liturgia per gli animali, ma qualcosa di simile a un funerale. Entrambi i conigli erano morti quasi contemporaneamente. Il lutto era grande! I bambini si sedettero per terra con me. E ciascuno poteva raccontare qual'era stato il suo primo contatto con Schnuffi e Flecki, per quale motivo amavano tanto i conigli, ecc. Alla fine pregammo insieme un Padrenostro.

Domanda: Lei ha un animale domestico, per il quale è grato a Dio?

4. L'impegno per la vita

4.1. L'eutanasia

"Un cane viene abbattuto con un'iniezione. Perché io no?" Così mi chiese una volta un'inquilina nella casa di riposo. Ero intimamente molto turbato. Che cosa avrei dovuto risponderle? Condivisi il problema nel mio gruppo di canto. E la reazione? "Oh, sarebbe bene ricevere un' iniezione! Addormentarsi tranquillamente la sera – E semplicemente non svegliarsi più la mattina. Come sarebbe bello!" Per qualche inquilino la preghiera preferita è: "Dio, conducimi a Te, ma presto!" Come guida spirituale, io dissi cosi': "Chi si rivolge a Dio, recita nel Padrenostro: "Sia fatta la Tua volontà!" Riconosciamo di non avere tutto nelle nostre mani. Non ci siamo dati la vita da noi stessi. E non ci è permesso di toglierla da noi stessi. Dio è il Signore della vita e della morte!"

Un'inquilina ribatté: "In Svizzera però è possibile! Lì si può ricevere l'iniezione mortale desiderata." Io risposi: "Nel nostro Paese l'eutanasia attiva è proibita. E ciò è una *protezione* per *v*oi, la generazione più anziana. Voi vi sentite spesso sotto una pressione enorme. Dite: "I miei figli, ora adulti, devono fare tanto per me. Io sono un peso per loro. Non lo dicono. Però sarebbero contenti se me ne andassi." E così la Legge protegge voi, la generazione anziana.

Voi avete diritto di vivere. E anche la vostra vita conosce momenti di particolare intensità. "Quando ricevo una visita, è un giorno di festa per me!" Così mi disse una volta un'inquilina. Forse Lei ripensa alla Sua giornata la sera e si chiede: "Che cosa è stato bello oggi? Che cosa mi è piaciuto? Di che cosa posso essere grata?" E queste grazie lo dice a Dio. Lui l'ha accompagnata durante la giornata. Lui è presente. Lui vuole che Lei viva! La legge e la religione non Le proibiscono l'iniezione di morte malevolmente! No, La vogliono proteggere dalla pressione dei suoi familiari!"
Domanda: Chi di voi vive volentieri – nonostante le proprie limitazioni?

4.2. Aborto

"Ma è un cosino così piccolo, non è ancora un uomo!" Così un'inquilina della casa di riposo voleva giustificare che in Germania si può abortire impunitamente fino al terzo mese di gravidanza. La Chiesa cattolica, invece, si posiziona sempre a favore del nascituro in tutti i dibattiti. Già negli anni '70, dunque al tempo della mia infanzia, si trattava di un tema di grande attualità. Il mio professore di religione ci raccontò un piccolo aneddoto, per mostrarci in maniera evidente che l'aborto non è diverso dall'uccisione di una vita umana:
"Un cacciatore è seduto sulla sua postazione sopraelevata nella foresta. Osserva ed ascolta. Improvvisamente vede muoversi qualcosa in un cespuglio. Imbraccia il fucile e mira. Ma all'ultimo momento pensa: "Forse è un turista?" Può colpire – oppure no? È chiaro che in nessun caso! - Ucciderebbe un uomo!"
Lo stesso vale per l'aborto. Non sappiamo veramente se il feto sia un uomo oppure no. Ma proprio per questo dobbiamo essere prudenti. Non dobbiamo "colpire"! Per molti si tratta di un "tessuto in gestazione". Per noi è un individuo costituitosi dalla fusione dell'ovulo e dello spermatozoo. Nessun altro essere sulla terra ha questi geni! – C'è chi obietta, che qualche donna può trovarsi in circostanze tali da raccomandare l'aborto. Sono donne povere.
Noi ribattiamo: il nascituro è ancora più povero; è il più povero di tutti! I suoi interessi sono tutelati dalla Chiesa. La consulenza ecclesiastica per gravidanze in difficoltà dimostra l'impegno della Chiesa in questo ambito. L'obiettivo è sempre quello di sostenere la donna contro influenze esterne, che sollecitano spesso all'aborto. Se il bambino è la conseguenza di una violenza carnale, la Chiesa dice: "A quest'ingiuria non ne segua una ancora più grande: l'omicidio di un bambino!" Alla fine della II Guerra Mondiale anche alcune suore furono violentate dai russi. Le vittime si ritiravano di norma nella pensione estiva del proprio Ordine e portavano a termine la gravidanza. Poi autorizzavano l'adozione del bambino e ritornavano in convento.

Domanda: Lei ha conosciuto donne che si trovavano in circostanze difficili per dire "sì" alla gravidanza? Le è stato possibile agire da interlocutore empatico nella conversazione?

4.3. Andare in motocicletta

All'ospedale feci visita a una paziente di poco più di 20 anni, studentessa di Giurisprudenza al secondo anno. Si era fatta togliere le tonsille. Diceva: "Io sto bene! Non fa tanto male! Sono qui in ospedale *volontariamente*!" Come guida spirituale non compresi subito e chiesi: "Chi *non è* qui *volontariamente*?" Allora lei mi raccontò la storia di un compagno che aveva avuto un grave incidente in motocicletta. Era in clinica da molti mesi. E ancora non è chiaro, se guarirà mai del tutto.

Poi la ragazza mi mostrò una rivista di motociclismo: "Anch'io sono tifosa di moto! È semplicemente divertente! Siamo un gruppo di ragazzi, il mio migliore amico è uno di loro – andare in motocicletta è il mio passatempo preferito. Quando lo faccio, non penso ad altro. Sono assorbita completamente – è grandioso! Le preoccupazioni salgono la sera, a letto, quando non riesco a dormire: "è pericoloso! Può succedere di tutto! L'incidente del mio amico è un monito!" – E qui, in ospedale, ho di questi pensieri per giorni e ore. Se avessi dei figli piccoli, non andrei in motocicletta. Sarei responsabile verso di loro. Però al momento sono libera! O sono responsabile verso i miei genitori?

Mio padre mi ha fatto visita ieri. Si è offerto di comprarmi una piccola auto. È più sicura e ci si può divertire lo stesso. Però non riesco a lasciare la moto. È quasi una dipendenza, forse come il fumo! Ma con quello ho smesso, perché il mio ragazzo non mi voleva più baciare! "Ti puzza il fiato", diceva. È stato difficile! Ma avevo una motivazione. Con la moto può essere simile?"

Come guida spirituale le dissi: "il silenzio e la riflessione qui in ospedale possono rappresentare un momento molto importante nella Sua vita. Ciò che è buono nel Suo intimo cresce e si fortifica. Magari arriva a prendere il sopravvento?"

Domanda: Lei ha mai superato una dipendenza?

(Fumo, caffé, televisione, cioccolata)

5. La cura delle anime

5.1. Successo e benedizione

Nel maggio del 2014 ebbe luogo a Friedberg, vicino ad Augusta, l'inaugurazione del nuovo studio medico di mio fratello. Una paziente regalò una torta con su scritte le parole: "Hals- und Beinbruch!" ("Frattura del collo e della gamba"). Eravamo tutti sconcertati! Non si augura alle persone cose cattive! O forse la mittente aveva pensato a mio fratello, l'ortopedico? In quanto tale, egli si occupa delle fratture alle gambe. Ma perché le fratture del collo? Le parole sulla torta "Hals- und Beinbruch" erano una deformazione di una benedizione ebraica: "haslacha u beracha" – in italiano: "successo e benedizione". Questo si auguravano gli ebrei. I tedeschi, che non parlavano la lingua ebraica, non comprendevano l'espressione e pronunciavano le parole come le sentivano: così "haslacha u beracha" è diventato "Hals- und Beinbruch".

Gli ebrei si auguravano dunque successo e benedizione. Ma è opportuno augurarsi questa coppia di parole? Martin Buber (1878-1965), ebreo e filosofo della religione, scrive: "Dio ha molti nomi, ma "successo" non è nessuno di loro!" Giuseppe nell'Antico Testamento, invece, ha molto successo in Egitto. Comincia la sua carriera come servo; dopo essere stato venduto dai suoi fratelli. Diventa amministratore di una fattoria. E poi avanza al rango di secondo uomo in Egitto, immediatamente dopo il faraone. La Bibbia interpreta questo così: "Il Signore fu con Giuseppe: a lui tutto riusciva bene." (Gen 39, 2a). Come considerare la riuscita? Come considerare il successo?

Dopo una liturgia nella casa di riposo parlai con un'inquilina. Mi disse: "C'era molta gente qui!" – Io: È vero! C'erano 30 partecipanti – un vero successo!" Lei obiettò: "Non si tratta della Sua riuscita!" Io non dissi più niente. Però riflettei: di che cosa si tratta effettivamente? Si tratta che il Vangelo venga annunciato, che gli abitanti vivano in pace per una mezz'ora, che siano toccati nel loro intimo, che possano aprire il loro cuore, che ottengano riposte per le proprie domande esistenziali. Si tratta dunque che la parola di Dio tocchi un uomo e che questo se ne esca confortato e consolato. Allora è "successo e benedizione", haslacha u beracha!

5.2. Modelli

Quando devo aspettare dal medico o dal parrucchiere, qualche volta leggo una rivista. Voglio sapere di che cosa si occupa la gente. Un primo aspetto è la *bellezza.* Tutte le persone fotografate nella rivista sono belle. Ci sono molti attori e attrici, spesso anche regine di bellezza. Questi sono i modelli che desiderano i lettori. E ci sono uomini *ricchi* nelle riviste.

Passano le vacanze su uno yacht. Ovviamente hanno la Mercedes. Questo è ciò che i lettori desiderano. E ci sono anche molte persone *nobili* nei periodici. Essere principe o regina è l'ideale dei lettori. Vogliono fuggire dalla loro quotidianità limitata. Vogliono avere a che fare con persone belle, ricche e nobili. È questo che li affascina!
E Gesù? Lui è tutto il contrario! Non affascina con cose esteriori, ma con ciò che è interiore, con il cuore! Gesù vive relazioni vere e profonde. Gli eroi delle riviste si sono sposati spesso tre o quattro volte. Difficilmente riescono a legarsi. – Una volta un'inquilina della casa di riposo mi disse: "Questo è ingiusto! Io sono fedele a mio marito. Io rinuncio al divertimento. E alla fine non ho nessun vantaggio rispetto agli altri." La mia riposta fu: "Lei provava una gioia profonda nella fedeltà a suo marito. Questo Le ha dato maggiore pienezza che avere molti uomini. Marilyn Monroe, la grande star, si è suicidata all'età di 37 anni. E questo non è l'unico caso! Una vita da star è semplicemente troppo superficiale. Per me questa gente non è un modello. Una vita vera è possibile solamente nella fedeltà a Dio e al proprio partner!"
Domanda: Quali sono i Sui modelli?

5.3. Santone

"La mia amica si fa guarire da un santone!" – così mi disse una paziente all'ospedale. "Quel santone ha già guarito molti malati. Parla con il paziente. Lo ascolta attentamente. Ci si sente a proprio agio con lui. Ha una voce piacevole e affabile. Poi tocca il corpo dell'infermo con le mani. Il contatto è delicatissimo. La zona dolente si surriscalda. Il santone irradia energia. Ha un carisma. Dopo qualche seduta il paziente sta meglio. Ha più forza e più coraggio. – Che cosa ne pensa Lei, da teologo cattolico?"
Io risposi menzionando i miei pensieri sull'unità tra corpo e anima: quando l'anima si sente bene, sta bene anche il corpo. A chi invece è fortemente sotto stress, poi può comparire un'ulcera gastrica. Lo "stress" è un problema psichico. Ma ha conseguenze fisiche. E viceversa: a chi è felice e ha molto successo brilla il viso di gioia e contentezza.
Immagino lo stesso con Gesù: non ha studiato medicina. Non era un dottore iscritto all'Ordine dei medici. Era piuttosto un guaritore. Ha cominciato dalla condizione psichica dell'uomo. La preghiera gli era molto importante; la sua supplica per i malati aveva una forza che li guariva. Attraverso la preghiera, la benedizione, l'imposizione delle mani ed il perdono dei peccati riusciva a risanare le malattie psichiche e così anche quelle corporali. Dio era il "Padre, Abba, Papà" per lui. Dalla preghiera attingeva la forza di trattare gli uomini in modo attento, amabile e così anche terapeutico. E di questo si faceva esperienza ovunque egli si mostrasse.

In particolare la guarigione della suocera di Pietro (cfr. Mc 1, 29-31) illustra molto bene questa connessione. La donna giaceva a letto con la febbre. Il suo corpo era debole, perché nell'anima si preoccupava molto: 'Come andrà avanti mia figlia? Mio genero Simon Pietro l'abbandonerà? Si aggregherà al rabbino?' Gesù conosceva le sue paure. Parlò con la suocera pieno di amore, pieno di comprensione. "La sollevò prendendola per mano." Emanava un'energia, che le permeò tutto il corpo. Ciò fornì nuovo coraggio all'anima – e assicurò la guarigione del corpo.

Domanda: Lei ha esperienza con la "medicina alternativa"? (Omeopatia, agopuntura, guarigioni). Ha mai fatto esperienza della forza terapeutica della preghiera e dei sacramenti?

5.4. La delega di Gesù

Quando noi studenti gesuiti abbiamo bisogno di un nuovo portavoce, si procede così: ciascuno studente vota. Chi è eletto a maggioranza assoluta, non è però ancora il rappresentante! No: il verdetto va a Monaco di Baviera dal Provinciale, il superiore dell'Ordine. – E questi nomina il candidato come portavoce. Potrebbe nominare anche un altro! Ciò non è mai successo – per quanto ne so. Ma il nuovo rappresentante è delegato dal basso – e dall'alto. Entrambe le deleghe convengono.

Gesù, nel Vangelo, delega innanzitutto dal basso. Durante la primavera in Galilea, all'inizio della sua attività pubblica, riunisce molta gente. Guarisce, dona coraggio, predica ed insegna. Però egli ha anche una delega dall'alto: da Dio e dalle autorità? Per loro Gesù è in primo luogo il figlio di un falegname. Non ha una formazione da rabbino. Raccoglie discepoli intorno a sé, ma non è un rabbino in senso proprio. Anche le sue prediche non corrispondono a quelle dei dottori della legge. Perché sono fin troppo immediate e sviluppate a partire dall'esperienza. Gesù esce da ogni schema. Perciò non riesce a spiegare agli scribi la sua delega da parte di Dio.

E, nonostante questo, Gesù vive in relazione con Dio. Predica dall'intimo. Quello che dice, l'ha vissuto e sofferto egli stesso. Le sue prediche non sono vuote e costruite. Dimostrano una viva freschezza. Trae le sue parabole dal mondo quotidiano. Ciò che ha visto concretamente, diventa un'immagine per Dio ed il Suo Regno. E traduce questo in una lingua comprensibile ed esplicativa. Gesù è un modello anche per noi, quando parliamo di Dio, e quando cerchiamo il contatto della nostra quotidianità con la fede.

Domanda: Che cosa significa: "Quella di oggi è stata una lezione, non una predica!"?

5.5.Controcorrente

Come cristiani di oggi qualche volta possiamo sentirci perduti. Se gli altri non credono, mettono in discussione anche la nostra sicurezza. Se gli altri non pregano, fanno dubitare anche noi: "La nostra preghiera è davvero utile? Oppure va a vuoto? O hanno ragione quelli che dubitano dell'efficacia della preghiera?"

In occasione di un'ordinazione sacerdotale il nostro Provinciale, in risposta a questo sentimento d'insicurezza, disse: "Solamente i pesci morti nuotano *secondo* la corrente!" In seguito mi informai un po' di più. È proprio vero: le trote nuotano contro la corrente, dunque in direzione della fonte. Solo se sono deboli o morte si lasciano trasportare. In quel caso, vengono semplicemente trascinate dalla corrente.

Da allora la parola del Provinciale mi interpella: "Solamente i pesci morti nuotano *secondo* la corrente!" Oggi un cristiano deve nuotare controcorrente. Chi fa ciò che fa la massa, vive sicuramente in modo piatto e indisturbato. Ma gli mancano gli ideali cristiani.! – Questa è la mia convinzione!

Una volta dovetti 'nuotare controcorrente' en senso letterale. C'era una partita del Bayern Monaco nel corso della Bundesliga, il torneo di calcio più importante della Germania. Mio fratello e mia nipote erano andati in macchina da Friedberg, vicino ad Augusta, fino a Monaco di Baviera. Io li accompagnai, perché volevo ritornare al mio collegio. Dopo qualche piccolo imbottigliamento arrivammo all'Allianz-Arena. Da qui vidi la fermata della metropolitana 'Fröttmaning', dalla quale avrei continuato il mio viaggio. La distanza era di circa 200 metri. Però pensai: "Non ce la farò mai"! Una massa enorme di persone si muoveva da Fröttmaning allo stadio. Ed io dovevo andare esattamente nella direzione dalla quale arrivavano i tifosi. Dovetti nuotare controcorrente nel vero e proprio senso del termine. Ora, non mi scontrai mai con un tifoso. Questi erano quasi una comunità, con le loro sciarpe, i berretti con visiera e i giubbotti. Ed io ero solo. Ma ce la feci! Arrivai senza disagi alla fermata della metropolitana, benché la massa di tifosi mi venisse incontro.

Domanda: Lei ha mai nuotato controcorrente?

5.6. Le ceneri

Il mercoledì prima del tempo di Quaresima noi cattolici riceviamo le ceneri. La parola che accompagna questo simbolo è: "Ricordati, uomo, che sei polvere e polvere ritornerai!" Voglio riflettere un po' su questa frase. "Ricordati che sei un uomo e non un dio!" Così uno schiavo doveva sussurrare continuamente all'orecchio dell'imperatore romano durante il corteo trionfale. Questi era al culmine della sua potenza. Aveva sottomesso un popolo, annettendo all'impero romano un nuovo Paese. E questo celebrava il popolo di Roma. Il corteo trionfale che attraversava la città, esprimeva la gloria dell'imperatore. Era dunque chiaro che avrebbe potuto perdere il terreno sotto i piedi, che avrebbe pensato di essere un dio, che avrebbe dimenticato l'*umano* in se stesso. E per questo lo schiavo continuava a ripetere le parole: "Ricordati che sei un uomo e non un dio!"

Un compito simile aveva lo "Jahvist", un importante scrittore dell'Antico Testamento, che stava di fronte al re Salomone. Quest'ultimo conobbe la prosperità d'Israele. Il Paese si trovava finalmente in pace, dopo le molte guerre condotte dal re Davide. Il territorio era grande. La ricchezza riempiva la casa reale. C'era abbondanza d'oro, di pietre preziose e d'abiti da festa. Anche le donne di Salomone erano numerose. Era chiaro che il re rischiava di perdere il terreno sotto i piedi – e che pensava di essere un dio. A quel tempo, nel 950 a.C. circa, il Jahvist scrisse il suo racconto della creazione: "allora il Signore Dio plasmò l'uomo con polvere del suolo e soffiò nelle sue narici un alito di vita." (Gen 2, 7a). Un po' più tardi è scritto: "Con il sudore del tuo volto mangerai il pane; finché tornerai alla terra, perché da essa sei stato tratto: polvere tu sei e in polvere tornerai!" (Gen 3, 19). A questo brano della Bibbia rimanda la frase del mercoledì di Quaresima, quando sono distribuite le ceneri con le parole: "Ricordati, uomo, che sei polvere e polvere ritornerai!" –

Una volta diedi le ceneri in una classe di studenti del liceo di 16 anni. In quel momento avevo la sensazione: "È giusto!" I giovani vivono spesso come se il mondo appartenesse a loro. In questo senso, sono in qualche modo simili al re Salomone. Distribuii le ceneri anche all'ospedale. E qui la situazione è molto diversa. Il paziente sa che la salute non è scontata, che forse deve continuare a vivere con la malattia, che è alla fine. E in questa situazione dico (oltre alla frase officiale) l'interpretazione del vescovo Klaus Hemmerle (1929-1994): "Ricordati, polvere, che sei uomo e ritornerai a Dio!"

Domanda: Che cosa può fare Lei se si sente come "polvere": depresso e senza valore? *(telefonare, guardare fotografie, pregare).*

5.7. L'incenso

Una volta una fedele protestante mi disse dopo un funerale: "Ha celebrato bene! – Se solo non avesse usato l'incenso!" – Ma neanche tutti i cattolici sono favorevoli all'incenso. Conosco un ragazzino a cui piacerebbe fare il chierichetto, ma non può sopportare l'incenso. Per questo era costretto ad abbandonare il servizio all'altare! Ed una pazienta cattolica all'ospedale mi parlò in maniera critica del suo parroco, dal carattere dominante: "è il momento che preferisce della messa, durante il quale si fa incensare lui stesso!"

Ma qual'è propriamente la funzione dell'incenso nella liturgia? Dunque, fa riferimento ad un senso normalmente sottovalutato nella Messa: *l'olfatto*! *L'udito* è molto importante. Ci sono le preghiere, le letture e l'omelia. Tutto giunge alla mente attraverso l'orecchio. Anche la *vista* è un senso sviluppato. La grande maggioranza delle chiese è decorata con statue e dipinti. E anche l'ostia è elevata immediatamente dopo la consacrazione per essere vista. Nel Medioevo ciò era molto importante: "vedere Dio!" Sta all'origine della festa del Corpus Domini. *Il sentimento è* toccato dalla musica. A cantare sono o i fedeli, o un coro accompagnato dall'orchestra. Esiste, però, anche *il senso dell'olfatto.* E questo è attivato dall'incenso. Al tempo di Gesù si utilizzavano pomate ed oli profumati. Maria unge i piedi di Gesù a Betania (Gv 12, 1-11). L'odore si diffonde in tutta la casa. È piacevole al naso. È semplicemente bello.

E lo stesso effetto ha l'incenso. Indica la presenza di Dio. Perciò l'altare viene incensato. Rappresenta Cristo. Allo stesso modo vengono incensati anche la croce ed il sacerdote. Questi è riempito dello Spirito Santo a causa dell'ordinazione sacerdotale. Rappresenta Cristo. E ciò che viene spesso dimenticato: anche i fedeli vengono incensati. Dio è presente anche in loro. Ciascun uomo e ciascuna donna sono tempio di Dio! E questa è una promessa meravigliosa, resa evidente attraverso l'incenso.

Domanda: Quali sono le Sue esperienze con l'incenso?

5.8. Soltanto parole

"Come mi può essere utile Lei? – Parla soltanto!" Così un paziente all'ospedale cercò di respingermi. "E' giusto!" gli dissi: "i medici hanno strumenti e medicali. Fanno operazioni, analisi e terapie. Però!" gli spiegai: "anche la parola ha un potere! Se io rivolgo insulti contro di Lei – che cosa succede? Lei si sente offeso e va su tutte le furie. Vuole ricambiare gli insulti. Mi caccia via. Ma io non ho fatto altro che parlare. Solamente la parola L'ha cambiata. E per fortuna questo vale anche al contrario. Se sono buono con Lei, se Lei mi è simpatico, allora uso parole buone. Ci sono parole per l'anima. Devono penetrare nel Suo intimo e cambiarLa.

Sono parole come quelle che Gesù diceva ai malati. Egli toglieva loro il peso della colpa. Dava loro conforto e coraggio. Li trattava umanamente. Egli ebbe gran cuore per loro. – E le parole di Gesù erano efficaci. Egli sanava gli uomini: ne toccava l'anima ed il corpo. Entrambi guarivano. Ma ciò non succedeva forse solo allora, con Gesù? Noi abbiamo dei poteri simili *oggi*? La delega divina, che caratterizzava l'azione di Gesù verso i malati, certamente non è a nostra disposizione. Ma succede, qualche volta, che gli ospiti della casa di riposo dicano: 'Adesso mi sento di nuovo più leggero!' Oppure: 'Questa è stata una bella visita!' Oppure: ‚Torni pure quando vuole!' Ciò è il frutto di parole, di parole buone!"

Domanda: Le viene in mente una situazione, nella quale ha consolato Suo figlio usando *parole*?

VI. La preghiera

1. Modi di pregare

1.1. Il Padrenostro

Papa Francesco ha avviato una discussione sulla preghiera del Signore. Il Papa vuole cambiare la sesta supplica del Padrenostro. Non gli piacciono le parole: "Non ci indurre in tentazione!" Bisogna invece pregare: "Non lasciarmi cadere in tentazione!" L'argomentazione del Papa rimanda alla lettera di Giacomo (1, 13), nella quale si dice: "Dio… non tenta nessuno al male." Come può indurci Dio in tentazione, quando lo preghiamo come padre misericordioso; il tentatore è piuttosto il diavolo! – Ho conosciuto un'altra soluzione al problema presso i compagni (gesuiti) in Italia. Questi pregano: "Conducimi *nella* tentazione!", cioè "*durante* la tentazione". Significa: facciamo esperienza delle tentazioni, però Dio ci aiuta. Ci è vicino, è al nostro fianco su sentieri impervi.

La difficoltà di spiegare il Padrenostro di questa maniera è questa: Non corrisponde al testo del Vangelo di Matteo (6, 13: "e non ci indurre in tentazione") e di Luca (11,4: "e non ci indurre in tentazione"). L'originale greco è categorico. Una parte dei protestanti si è già espressa chiaramente al riguardo: "Noi non ci stiamo!" – Per la comprensione del testo è utile distinguere fra "indurre in tentazione" e "tendere una trappola". Sono espressioni diverse anche nell'originale greco. Dio non ci tende mai una trappola! Egli è e rimane il padre misericordioso che vuole il nostro bene. – Però ci induce in tentazione?

Il brano più noto che tratta di un uomo credente indotto in tentazione, è il sacrificio di Isacco per mezzo di Abramo (Gen 22, 1-19). Si svolge in un'epoca nella quale era consuetudine compiere sacrifici umani. E non solo con prigionieri di guerra come facevano gli Inca in America del Sud, ma persino con i propri figli! Io sacrifico a Dio la cosa più cara e preziosa, perché Dio è più importante di tutto per me. Con Abramo, Dio interviene all'ultimo momento: "Non stendere la mano contro il ragazzo (Isacco)…! Ora so che tu temi Dio; (Gen 22, 12). Per Abramo fu un regalo immenso ed un grande sollievo. E rappresentò un progresso nella storia delle religioni: Dio non desidera più sacrifici umani! –

Anche oggi esistono tentazioni; così anch'io, dopo una dura discussione con un ateo, corro il pericolo che la mia "piccola fede" evapori. Le osservazioni critiche dell'altro mi indeboliscono. La fede, la mia sorgente di forza, rischia di diventarmi estranea. E poiché sono così vulnerabile su questo fronte, prego Dio: "Non ci indurre in tentazione!"

Domanda: Quali situazioni indeboliscono la Sua fede?

(Notizie di attualità dal mondo, l'influenza di non-credenti, la Chiesa troppo umana).

1.2. Il rosario

"Pregando poi, non sprecate parole come i pagani, i quali credono di venire ascoltati a forza di parole. Non siate dunque come loro, perché il Padre vostro sa di quali cose avete bisogno ancor prima che gliele chiediate." (Mt 6, 7s). Così dice Gesù. E per questo un'inquilina della casa di riposo era contraria alle preghiere lunghe. Era *protestante* e diceva la mattina e la sera la sua preghiera *corta.*

Io le chiesi: "Questo Le basta per tutta la lunga giornata?" E lei rispose: "Leggo anche versetti biblici, composti per ogni giorno e commentati da un teologo." – Dunque compresi che la sua vita spirituale non si limitava alla preghiera breve la mattina e la sera! Aggiunse: "Leggo anche qualche libro, per esempio di Heinrich Bedford-Strom, il presidente della Chiesa protestante tedesca." Come guida spirituale fui felice di apprendere queste cose dall'inquilina: faceva molto per la sua vita spirituale! Nella prima lettera ai Tessalonicesi si dice addirittura: "Pregate incessantemente!" (5, 17).

Allo stesso modo feci visita a un'inquilina *cattolica.* "Vive come una suora!", mi disse di lei un'infermiera. Mentre mi esercitavo all'organo nella cappella a mezzogiorno, lei entrò dopo il pranzo per la preghiera ringraziamento. Quando le feci visita nella sua camera, stava ascoltando "Radio Horeb". Queste trasmissioni le erano molto importanti. La accompagnavano attraverso la giornata. Con "Radio Horeb" le era possibile pregare il *rosario.*

Tanti di noi hanno già fatto quest'esperienza: pregare il rosario da soli è molto difficile! Varie distrazioni ci impediscono la concentrazione necessaria. Chi invece prega in una comunità, ne viene trasportato. Si ridesta dopo brevi distrazioni e continua la preghiera. E lascia penetrare le parole su Gesù e su Maria nella sua anima. Con il tempo la preghiera del rosario entra sempre più in profondità e tocca il cuore. Alcuni dicono: è una pratica noiosa e fastidiosa, con tante ripetizioni! Altri ribattono (in senso figurato): la goccia scava la roccia!

Domanda: È bene pregare solo brevemente – oppure lo si deve fare incessantemente?

1.3. La revisione della giornata

Mia madre rimase vedova qualche anno fa. Durante la giornata non se ne rende quasi conto: è impegnata in così tanti circoli e gruppi, che non ha il tempo di pensare ad altro. Diverso è alla sera, quando rientra nell'appartamento vuoto. Deve mangiare sola. Deve andare sola a letto. Un aiuto è che porta avanti tutto come negli anni passati: ora fa la revisione della giornata per sé. Non può più raccontare a suo marito che cos'è successo durante la giornata, cosa le ha dato gioia, cosa l' ha annoiata e ciò per cui ha bisogno di chiedere perdono. La revisione della giornata è una buona maniera di ricordare gli eventi trascorsi e di rivivere il passato nella memoria. Così lo si tiene in mente e lo si consegna nelle mani di Dio. Non dovremmo mai andare a dormire pieni di noia e rancore! Altrimenti, a lungo andare, ciò lavora in noi e avvelena la nostra anima.

La revisione della giornata è una riflessione davanti a Dio. Dio mi ha donato la gioia! Mi ha dato la forza di portare pesi. Durante la revisione realizzo questo ogni sera. Così vivo la mia quotidianità davanti a Dio. –

Una volta mia mamma mi disse: "Tu sei sempre solo!" Sì, adesso è sensibile a questa questione. E sa che i miei confratelli difficilmente riconoscere la solitudine. Anche per me la revisione della giornata è molto importante. –

Ed il *giornale*! – "La carta è paziente!" – è il commento di mia mamma. Ma io ho trovato nella carta un vero aiuto! Qualche volta rileggo le notizie dei giorni e delle settimane passati. Noto dei cambiamenti: quello che prima mi sembrava brutto e deprimente, riesco a reputarlo ora come una piccolezza ridicola. Un proverbio tedesco dice: "Niente è mangiato così caldo come quando è cucinato!" Una volta al mese ho una conversazione con il mio padre spirituale. Qui ho molto da raccontare, perche' il giornale e' pieno di osservazioni. – La sera potrei guardare un giallo alla televisione e poi cadere nel sonno letto. Sarebbe un'alternativa?
Domanda: Come passa Lei le Sue serate?

1.4. Pregare con la Bibbia

Nella casa di riposo si svolge sempre una preghiera ecumenica prima di Natale. Una volta la celebrante protestante ci domandò in sacristia di poter prendere la lettura dalla Bibbia di Lutero. Io ero tranquillo. Ma il mio collega era contrario. Il motivo: "La Bibbia è un libro molto lontano dalla gente. Ed una traduzione antica è ancora più difficile da comprendere per i cattolici." Ma Martin Lutero voleva cambiare esattamente questo! Tradusse la Bibbia in tedesco dall'ebraico, dal greco e dal latino. Così fece conoscere i contenuti teologici ad un largo pubblico. Il testo del riformatore "Von der Freiheit eines Christenmenschen" ("Sulla

libertà di un cristiano") ebbe, invece, effetti disastrosi. Fu utilizzato come pretesto per le guerre dei contadini. Questi attaccavano con violenza i signori feudali. Lutero doveva prenderne le distanze. Condannò le insurrezioni contadine con lo scritto: "Wider die räuberischen und mörderischen Rotten der Bauern". ("Contro le bande brigantesche e assassine dei contadini.")
Secondo Martin Lutero era sufficiente leggere la Bibbia a casa per una mezz'ora la domenica mattina. Non era necessaria la liturgia comunitaria. La Chiesa cattolica conosce "l'obbligo domenicale": si deve partecipare alla Messa della domenica! Durante la celebrazione un teologo e guida spirituale legge il Vangelo. Nell'omelia lo interpreta per la mia vita. Sono così preservato da interpretazioni errate della Bibbia, che possono avvenire facilmente. Nel Medioevo (fino all'Ottocento) la Chiesa proibiva di leggere la Bibbia individualmente. Si temevano traduzioni popolari, delle quali avrebbero potuto abusare gli eretici. Oggi, dopo il Concilio Vaticano II (1962-1965), la Chiesa raccomanda molto la lettura della Sacra Bibbia. Ma è una pratica assente dalla tradizione cattolica. I protestanti ne sono più esercitati. Per esempio, la Herrnhuter Brüder-Gemeine ("comunità dei fratelli di Herrnhut"), un'associazione protestante, edita ogni anno le "Losungen" (versetti biblici). Vi si trovano ogni giorno un brano dell'Antico ed uno del Nuovo Testamento, messi in relazione tra loro. Io leggo le Losungen da molti anni. La spiritualità biblica protestante arricchisce anche la mia vita con la Sacra Scrittura.
Domanda: Lei legge qualche volta la Bibbia? Ha un brano che preferisce?

1.5. Pregare durante l'"esperimento"

Il mio noviziato, cioè i primi due anni all'interno dell'Ordine, fu un periodo di formazione spirituale molto intensa. Facevamo esercizi pratici, che chiamavamo "esperimenti". Si trattava di provare se si era ancora in grado di pregare dopo una giornata impegnativa all'*ospedale*, in *internato* e in *fabbrica.* Le otto ore di lavoro erano faticose. Però, per noi novizi, la preghiera era l'attività più importante. Riesco a ritirarmi ogni giorno per un'ora di contemplazione, a fare due volte la revisione dalla giornata per un quarto d'ora, a partecipare alla Messa quotidiana?
Nella casa del noviziato di Norimberga decisi di partecipare ad un esperimento di *digiuno*: dieci giorni prima del Venerdì Santo prendemmo un sale speciale che, sciolto nell'acqua, svuotava l'intestino. Dopodiché bevevamo solo tè alle erbe. Noi otto novizi che volevamo digiunare, ci confrontavamo quotidianamente: "Ho fame? Ho voglia di mangiare del pane secco? O è solamente appetito? Ho voglia di mangiare un dolce?" Dopo tre giorni non sentivo

più la fame. Andai addirittura al mercato, guardai gli alimenti – e non avvertii il bisogno di mangiare qualcosa; avevo ottenuto una grande libertà interiore! Ero più sensibile. Lo sbattere delle porte in casa mi disturbava di più. E mi divenne più facile pregare. Ero più aperto alla presenza di Dio. L'esperimento del digiuno fortificò la mia fede. Così lo feci di nuovo l'anno seguente.

Domanda: Lei ha mai digiunato? Quali sono state le Sue esperienze?

1.6. Pregare distrattamente

"Non riesco a pregare! Sono seduta nella cappella e mi trovo completamente altrove nei miei pensieri. Le mie vicine riescono davvero a pregare?" Così mi disse un'inquilina della casa di riposo durante una conversazione pastorale. Io le risposi: "Se Lei nei Suoi pensieri si trova con un altro uomo, ciò non vuol dire che la Sua preghiera è cattiva. Al contrario! Significa che l'altro non le è indifferente, che ha interesse per lui, che l'ama. E così Lei può pregare: "Buon Dio, aiuta quest'uomo! Dagli la Tua protezione! Fa' attenzione a lui, che non gli succeda niente!"

Però può avvenire anche il contrario: che il pensiero dell'altro La disturbi. Pensa a lui perché ne è infastidita. Lo può portare ugualmente davanti a Dio. 'Buon Dio, aiuta quest'uomo. Non sa stare a tavola! Ma io lo so: è malato, gravemente malato. Non è responsabile della sua demenza. Buon Dio, dammi la forza di cambiare il mio atteggiamento verso di lui! Dammi pazienza per sopportarlo! Dammi la calma perché non mi agiti subito! E allontana la mia paura di diventare demente a mia volta. Questa paura è la ragione più profonda del mio fastidio. Temo l'avvenire. Ho così poca fiducia che Tu mi accompagnerai per tutta la vita, che rimarrai con me nella buona e nella cattiva sorte.'"

A quel punto la signora mi interruppe: "Si può davvero parlare così con Dio?" Io: "Sì, ci si può comportare *del tutto umanamente* con Dio. Dio si è fatto uomo, egli stesso. Se guardiamo Gesù sulla croce, questo è un uomo al quale possiamo raccontare tutto ed aprire il nostro cuore. E allo stesso tempo è Dio che ci guarda e ci vuole accompagnare per tutta la vita."

Domanda: Che cosa ha a che fare Dio con la mia vita?

1.7. La preghiera di supplica (1)

Monica era la madre di Agostino. Aveva grandi problemi con suo figlio. Egli viveva con una donna senza essere sposato. Aveva addirittura un figlio da lei. Ed era molto lontano dalla fede cristiana. Che cosa poteva fare Monica? Non riusciva a parlarne con Agostino. Le sue premure avevano l'effetto contrario! Il risultato era l'ostinazione di suo figlio. E così tutto

andò di male in peggio! Nella sua miseria si rivolse ad Ambrogio, il vescovo di Milano. Questi le consigliò: "Se non riesci a parlare di Dio con tuo figlio, parla di tuo figlio con Dio!" Da una parte, la grande preoccupazione della madre rimane: suo figlio vive sconsideratamente e si perde. Dall'altra, non è lei a doverlo salvare. È compito di Dio. Dio deve agire. Ciò tranquilizzò la donna. Con il tempo la relazione tra madre e figlio migliorò visibilmente; più tardi Agostino intraprese il cammino verso la fede cristiana. Alla fine tutti e tre i protagonisti di questa storia (vescovo, madre e figlio) divennero "santi"!
In ogni epoca si è dimostrata la forza della preghiera di supplica. Non serve guardare troppo indietro: nell'ottobre del 1962 il mondo stava con il fiato sospeso. L'Unione Sovietica voleva stazionare missili nucleari a Cuba. Il presidente degli Stati Uniti John F. Kennedy era rigorosamente contrario. Il leader sovietico Chruschtschow non voleva cedere in nessun modo. Furono giorni di massima tensione. Io ero ancora nel grembo di mia madre. Più tardi lei mi disse: "come abbiamo pregato, ragazzo mio!" Papa Giovanni XXIII spedì un ambasciatore speciale a Mosca. Fu effettivamente accolto. Aveva un peso, perché il Papa stava dietro di lui. – E perché miliardi di cristiani pregavano per la pace. L'ambasciatore parlò dunque con Chruschtschow. Cercò di mostrargli che è meglio cedere, piuttosto che distruggere il mondo intero – in una III Guerra Mondiale, che si sarebbe combattuta con armi nucleari. Ed il leader sovietico cedette veramente. È chiaro che c'erano stati altri tentativi diplomatici. Però i cristiani fecero davvero esperienza di come Dio aveva esaudito le loro preghiere.
Domanda: Lei può ricordarsi che Dio abbia esaudito la Sua preghiera? *(Che un nipote nascesse sano, che il matrimonio di una coppia di amici venisse salvato, oppure che un oggetto perduto fosse ritrovato).*

1.8. Preghiera di supplica (2)

"Incrocio le dita per te!" Questo modo di dire significa: "Non posso lavorare con le dita incrociate. Mi prendo del tempo libero e *penso* a te. Passare dalle dita incrociate all'"io *prego* per te!" è molto difficile per la gente. Per alcuni di noi, invece, è molto semplice. Coloro che partecipano alla preghiera della Chiesa, hanno l'occasione di elevare anche per le proprie richieste come preghiere d'intercessione. Nell'Eucaristia si prega per i defunti, per la Chiesa, per la pace ecc. Gli ordini religiosi contemplativi vivono più intensamente la preghiera d'intercessione che gli ordini attivi. Una vita dietro ai muri di un monastero e' pensabile solamente se si e' convinti che la propria preghiera fosse utile ed efficace. Ogni uomo vorrebbe essere fecondo. Ognuno vorrebbe edificare qualcosa nella propria vita. Il

contemplativo lo fa con lo sguardo rivolto a Dio attraverso la preghiera. Egli "*contribuisce allo sviluppo per l'eternita"!* Così lo formulò un monaco benedettino.
Un uomo religioso non pensa soltanto all'attimo presente e alla vita terrena. No, prega per l'eternità! Ha una grande meta! Nel film francese 'Uomini di Dio' un monaco dice: "L'intera umanità è il 'figliol prodigo' della parabola di Gesù (Lc 15, 11-32). Si è allontanato dalla casa paterna. Sta male. Ha fame. – Poi è rientrato in se stesso e torna indietro! Questa era la grande speranza di suo padre. Ha rivolto la sua preoccupazione e la sua attenzione a questo." – E gli ordini contemplativi considerano questo il loro compito principale. Non pregano soltanto per singole persone, ma per l'umanità intera.
Il brano dell'Antico Testamento relativo al valore della preghiera di supplica è quello di Mosè e gli Amaleciti (Es 17). Giosuè lottava contro Amalek. Mosè, Aronne e Cur salirono sulla cima del colle. "Quando Mosè alzava le mani, Israele era più forte, ma quando le lasciava cadere, era più forte Amalek. Poiché Mosè sentiva pesare le mani dalla stanchezza, presero una pietra, la collocarono sotto di lui ed egli vi sedette (...) Così le sue mani rimasero ferme fino al tramonto del sole. Giosuè sconfisse Amalek e il suo popolo passandoli poi a fil di spada." (Es 17, 11-13). Mosè deve pregare! Il successo non deriva solo dall'azione dei combattenti, ma anche e soprattutto dalla contemplazione dell'uomo unito a Dio.
Domanda: Quali sono le richieste che Lei porta davanti a Dio? Prega anche per se stesso?

1.10. Preghiera prima dell'operazione

Come guida spirituale all'ospedale e nella casa di riposo, parlo di molte esperienze. I pazienti e gli inquilini mi aprono il loro cuore. Ma che cosa posso consigliare? Conosco troppo poco il loro mondo. Nel 2005 mi si presentò l'occasione di conoscere l'ospedale dall'altra parte: come paziente. Avevo diversi sintomi – e non me ne preoccupavo. Poi ne parlai con un mio amico e confratello. Questi mi mise subito in allarme: "Devi assolutamente andare al dottore! Può essere una cosa molto grave!" Ora, dalle analisi risultò che la cosa non era pericolosa, ma dovevo essere operato. Così andai all'ospedale. E questo in maniera cosciente: volevo fare molte esperienze per essere in grado di comprendere meglio i pazienti più tardi, come guida spirituale. La notte prima dell'operazione dormii male.
Rifiutai i sonniferi. Avevo le stesse paure che i pazienti mi hanno raccontato tante volte: "se non mi risveglio dalla narcosi..." oppure: "se l'operatore ha una giornata storta..." ecc. Dopo quella notte piena di preoccupazioni fui il primo ad essere portato in sala operatoria, il mattino seguente. Le infermiere trasportarono il mio letto nel corridoio.

Passava molta gente. Nessuno mi guardò in faccia! Nessuno mi salutò! Mi sentii completamente solo! Poi pensai agli uomini che quella mattina mi avrebbero pensato e avrebbero pregato per me. Passai mentalmente in rassegna i loro volti, lentamente: la famiglia, i confratelli, gli amici. E allora sentii un sollievo nel cuore. Poi pregai io stesso – E avevo la forza per l'operazione. Fu un'esperienza molto importante per me. Quando parlo con un paziente all'ospedale che ha tanta paura dell'operazione, gli dico: "Io pregherò per Lei domani!" E sono convinto che questo aiuta!

Domanda: Lei ha mai fatto esperienza che altre persone preghino per Lei?

1.10. Gratitudine

Una volta andai a trovare un giovane paziente. C'era lì un suo compagno dei vigili del fuoco volontari. Parlavamo del loro impegno. Può essere pericoloso – anche per l'assistente. Non è raro che un pompiere subisca un avvelenamento da fumo. Il paziente raccontava: "Se il fuoco è dietro me, ho molta paura!" E l'amico aggiunse: "Una volta ho liberato un automobilista dalla macchina dopo un incidente! Gli ho salvato la vita. – E lui non si è mai più fatto sentire!" Come guida spirituale avvertii la sua delusione. Non è ovvio che un pompiere faccia questo per gli altri!

A partire da questo, spostai l'attenzione sulla quotidianità dell'ospedale. Dissi: "non è ovvio che il medico L'ha operato e che l'operazione si è conclusa con successo. E per questo Lei lo ringrazia. E per quanto riguarda gli infermieri, gli inservienti, le signore della cucina, della ricezione, dell'amministrazione ecc.? Le propongo di fare così: vada nella cappella un po' prima della Sua partenza e dica: 'Grazie, Signore!' Ciò La renderà un uomo grato, fortifica un atteggiamento riconoscente." Il paziente obiettò: "Questo lo posso fare dappertutto!" Io: "E' vero, Dio è dappertutto! - Ma si tratta dell'atmosfera religiosa; nella nostra cappella troverà una croce, una statua della Madonna e di San Giuseppe. Ci sono vetrate colorate ed un soffitto a volta. In breve: è un contesto che facilita la preghiera. Se Lei volesse pregare qui, in questa stanza d'ospedale, ci sarebbe la televisione, Lei sarebbe attaccato alla flebo ecc. È un contesto non adatto alla preghiera."

L'amico mi rispose: "Io non vado mai in chiesa. Però mi gioisco nel vedere la natura. Nel bosco o sui monti dico: ‚Grazie mille!'" – Io: "Anch'io faccio così! Il silenzio nella cappella, la partecipazione alla Messa e la meditazione regolare mi aiutano ad essere in contatto con Dio. Poi posso uscire e trovare Dio anche nel mondo: nella Sua creazione, negli incontri e nei begli eventi."

Domanda: Per che cosa Lei è grato?

1.11. Silenzio

Una volta un'inquilina della casa di riposo mi disse: mia sorella tiene la televisione accesa tutto il giorno. Ha la TV come sottofondo dalla mattina alla sera." La richiesta dei monaci di una comunità benedettina in Baviera va in una direzione simile: "Vogliamo avere ciascuno un televisore nella propria cella!" Ciò provocò un'accesa discussione. Secondo i contrari questo comporterebbe "il naufragio della spiritualità benedettina!" Alcuni vi hanno visto addirittura "una dimostrazione della miseria della vita monastica!"

Sì, è necessario un senso spirituale per tollerare il silenzio. L'inquilina di cui parlavo continuò: "A me non disturba il silenzio. Non ho bisogno di un televisore! Anche la radio l'accendo solo raramente. Mi trovo bene con me stessa. Guardo la natura, dove tutto è verde e in fiore. Ascolto il canto degli uccelli. Mi gioisco dei fiori. E penso al passato. Mi rallegro nel ripensare a quanto è stato bello, riuscito, rotondo. E cerco di riconciliarmi con ciò che mi è pesato." Così mi disse l'inquilina nella casa di riposo. Io le proposi di pregare per le persone che avevano rappresentato un peso per la sua vita. "Riconciliazione" dovrebbe essere un tema importante nella vecchiaia. Nella casa di riposo ci sono il tempo e l'occasione di ritornare con il pensiero su situazioni spiacevoli. Le ferite rimangono, ma non fanno più così male. Sono illuminate e trasfigurate. Per questa rielaborazione del passato la televisione non è adatta. Lasciarsi sommergere dai suoni e dalle immagini distrae soltanto. Impedisce di giungere all'essenziale, a me stesso e alla mia vita interiore. Le persone religiose riescono a riempire il silenzio.

Il teologo protestante Dietrich Bonhoeffer (1906-1945) scrisse *solo e abbandonato a se stesso* nella sua cella di morte la preghiera seguente: "Circondato da forze buone in *silenzio* e fedeltà." ("Von guten Mächten treu und *still* umgeben.") Nella ultima strofa Bonhoeffer scrive: Se il *silenzio* è profondo intorno a noi, / ascoltiamo il suono pieno / del mondo invisibile che ci circonda, / il canto di lode di tutti i Tuoi figli." ("Wenn sich die Stille nun tief um uns breitet, so lass uns hören jenen vollen Klang der Welt, die unsichtbar sich um uns weitet, all Deiner Kinder hohen Lobgesang.")

Domanda: Le è difficile sopportare il silenzio – oppure Le dà l'opportunità di crescere interiormente?

1.12. Veglia

Da bambino e ragazzo ero scout. Il momento più importante era, ogni anno, il campo estivo. Raggiungemmo in bicicletta il campeggio al limitare del bosco. Il centro del campo erano la croce – ed il fuoco. Davanti alla croce celebravamo la messa. Intorno al fuoco raccontavamo

storie e cantavamo canti con la chitarra. Chiaramente si doveva continuare ad aggiungere nuova legna al fuoco. Alla sera non era un problema – ma durante la notte? Per questo a due scouts veniva affidata a turno un'ora di veglia. Prima di mezzanotte era facile. Ma poi la veglia diventava più difficile. Particolarmente esigente era la sveglia alle quattro di mattina. A me toccò questo turno. Ero immerso in un sonno profondo. Volevo continuare a dormire. Ma era inutile. Dovevo fare la veglia.
Era ancora tutto scuro. Gli uccelli nel bosco stavano tranquilli. Era un'atmosfera speciale. Parlai un po' con l'amico che vegliava con me. Guardavo nel fuoco. Crepitava e scoppiettava. Le scintille volteggiavano. Poi feci di nuovo un giro intorno al campo. Il canto „Stille Nacht, heilige Nacht! Alles schläft, einsam wacht…." (Notte calma, notte santa! Tutto dorme, solitaria veglia…) era nella mia testa. Sì, era una gran cosa assistere all'inizio di una nuova giornata. Potevo osservare come albeggiava, come diventava sempre più chiaro, e come nasceva l'aurora. Era una "notte santa" per me? Quell'ora della mattina aveva qualcosa a che fare con Dio? Tendevo occhi e orecchi. Volevo osservare tutto con attenzione. L'alba con tutta la sua calma mi fece riconoscere la presenza del Creatore nel mondo. Dio è percepibile nella liturgia, nella preghiera, in una buona comunità – e nella natura. La luce tenera e rossa della giornata in divenire mi ricordò cosa dice la Bibbia della prima giornata di creazione: "Le tenebre ricoprivano l'abisso … Dio disse: 'Sia la luce!' E la luce fu." (Gen 1, 2s).
Domanda: Lei percepisce Dio piuttosto nella natura o in chiesa?

1.13. Amicizia con poco tempo

Una ragazza è innamorata di ragazzo. Il problema: lui ha poco tempo! "Durante la settimana ho molto da fare! Non ho tempo per te! Nel fine settimana ho questo e quel passatempo. Quindi: il sabato non è possibile. E la domenica dormo la mattina. Lo devi capire! Dopo una settimana stressante ne ho semplicemente bisogno!" In sintesi: Il ragazzo non ha tempo per quest'amicizia. La ragazza non gli è particolarmente importante. Non è disposto a cambiare i suoi passatempi e le sue abitudini. – Chiesi ad un'inquilina della casa di riposo: "Come reagisce la donna?" La risposta fu: "Caccia via quest'uomo! Non vuole avere niente a che fare con lui!"
Anche la relazione con Dio è un'amicizia, che ha bisogno di tempo libero nel quale essere coltivata. La Messa dura mezz'ora o tre quarti d'ora. E Lei deve rinunciare a fare altre cose. Non può andare al parco in quel lasso di tempo. Non può osservare le anatre. Lei si è deciso per la liturgia, per Dio. Dio è importante per Lei. Le è caro. Ha una relazione con Lui. E questo La distingue dalle altre persone. Per alcuni conta solamente l'amore verso il prossimo.

“Sono un buon uomo! Questo basta! Che cosa mi manca?” E in qualche modo questi ha ragione. Ma in una casa di riposo l’amore per il prossimo non e’ sufficiente per un’infermiera. Aiuta, aiuta ed aiuta – e alla fine è malata ed esaurita.
Il personale di cura ha bisogno di un contro-peso. Ha bisogno di qualcosa per l’interiorità! Per l’anima! Così l’uomo interiore può attingere nuova forza. Può trattarsi d’un esercizio di rilassamento oppure della preghiera del rosario. Può trattarsi di una meditazione o della lettura della Bibbia. Oppure di una devozione o della Santa Messa. Quello che faccio per Dio, lo faccio anche per la mia anima.
Domanda: Lei si rende conto se un’infermiera fa qualcosa per la sua anima?

1.14. Tre modi di scegliere

Sempre queste decisioni! Devo decidermi per una professione, per un partner, per un modo di vivere. C’è qualcosa di “servile”, d’umiliante in ogni decisione. Mi devo vincolare. Devo rinunciare a molte altre possibilità. E c’è qualcosa di “signorile” in ogni decisione. Io faccio la scelta! È in mio potere di decidere così oppure così. Io sono il signore!
La facoltà di scegliere può essere esercitata. Ignazio di Loyola parla di “tre modi di scegliere” negli Esercizi Spirituali (169 ss). Se mi trovo davanti a una decisione, devo prendere un foglio di carta e tracciare una linea. A sinistra scrivo gli argomenti *a favore* della decisione – e a destra quelli *contro* la decisione. Questa è la “terza scelta” – Lascio agire la forza degli argomenti. Ho scritto tutto. È davanti ai miei occhi.
La “seconda scelta” per Ignazio sta nell’ascoltare l’istinto. Considero il mio umore. Mi figuro la vita dopo quella decisione. La fantasia è un fattore molto importante. Mi sento contento e felice dopo il mio viaggio mentale? Oppure ha un retrogusto insipido? Distinguere gli spiriti, di questo si stratta nella “seconda scelta”.
C’è ancora la “prima scelta”. Per decidermi su questa partner è “amore a prima vista”. Non ci rifletto molto. Lo so: è lei – e nessun’altra! Posso considerare argomenti pro e contro. Ma nell’intimo so: non si tratta di questo! La decisione è situata nel profondo. È, come dicevo, “amore a prima vista”. Il pubblicano Levi, nel Vangelo, ha fatto quest’esperienza: “Nel passare, (Gesù) vide Levi, il figlio di Alfeo, seduto al banco delle imposte, e gli disse: ‘Seguimi’. Egli, alzatosi, lo seguì” (Mc 2, 14).
Domanda: Come ha preso Lei le Sue grandi decisioni: con argomenti, con l’istinto – oppure con l’amore a prima vista?

1.15. Benedizione

"Maria mit dem Kinde lieb, uns allen Deinen Segen gib!" (Maria ci benedica tutti con il suo bambino). In Germania molti conoscono questa preghiera. La recitano i genitori per benedire il proprio figlio. Gli fanno il segno della croce sulla fronte. Il bambino deve stare sotto la protezione di Maria e di Gesù bambino. Ma che cosa significa "benedire"? Il termine tedesco "segnen" (benedire) deriva dall'espressione latina "signum" e significa "fare un segno su qualcosa oppure qualcuno." La benedizione cristiana è normalmente accompagnata dal segno di croce. Al battesimo i genitori del battezzando ed i padrini fanno il segno della croce sulla sua fronte. Questo significa: tu ora appartieni a Gesù! L'acqua è sicuramente il simbolo più importante del battesimo. Ma anche il segno della croce è parte imprescindibile della liturgia. Benedizione significa: mettere in una vicinanza particolare a Dio. –

Ogni anno, in Germania, si legano mazzi d'erbe per la festa dell'Assunzione di Maria. Le erbe provengono dalla natura creata da Dio. Sono la Sua creazione. Tutto gli appartiene. E nonostante questo, si benedicono mazzi. Così sono messi espressamente in contatto con Dio, con Gesù e con Maria. Dio è sempre presente. Ma noi non pensiamo sempre a Lui. Un mazzo d'erbe è un segno per Dio. Lo si può paragonare agli alimenti consacrati a Pasqua: le uova, il prosciutto, il pane, il sale. L'acqua benedetta e la preghiera di benedizione trasformano gli alimenti – diventano il segno che Dio è presente.

Ma non solo gli alimenti, anche noi tutti siamo segni della presenza di Dio. Guardando alla nostra vita di cristiani, la gente vuole comprendere che cosa significa "credere". Per questo dobbiamo mostrare la nostra statura nel pensare, nel pregare e nel fare. Come cristiani non dobbiamo lasciarci sommergere dalla massa. Non solo i mazzi d'erbe sono benedetti. No: noi stessi siamo benedetti e spronati a vivere da cristiani.

Domanda: È difficile per Lei avere un'opinione diversa da chi La circonda?

1.16. Sogni

Nel Vangelo di Matteo troviamo un Giuseppe in crisi. Maria, sua sposa, è incinta, ma non di lui. Nonostante questo, egli non la ripudia. Perchè rifletta e *sogna* (Mt 1, 20). Accede alla sua interiorità, alla sua anima. Ed obbedisce a ciò che sogna. Già nell'Antico Testamento i sogni sono molto importanti. Giacobbe sogna di "una scala che poggiava sulla terra, mentre la sua cima raggiungeva il cielo; ed ecco gli angeli di Dio salivano e scendevano su di essa." (Gen 28, 12). Gli angeli, i messaggeri di Dio, mettono in relazione con il Signore. Alla fine del sogno Giacobbe è consolato: "Ecco, io sono con te e ti proteggerò dovunque tu andrai; poi ti farò ritornare in questo paese." (Gen 28, 15).

Anche il figlio di Giacobbe, Giuseppe, è molto sensibile ai sogni (Gen 37 e Gen 40 s). Per lui i sogni non sono sciocchezze. Al contrario, essi dicono qualcosa d'essenziale sull'interiorità. Paure indistinte e situazioni incomprensibili prendono forma nel sogno. Speranze e gioie si manifestano in una storia. – Forse possiamo diventare più sensibili al messaggio dei nostri sogni. Io li scrivo nel mio diario. Il più delle volte giungo facilmente ad un'interpretazione e la metto subito per iscritto. Oppure racconto il sogno al mio padre spirituale. Così, con il tempo, ne risulta una costellazione d'immagini e storie sul mio intimo e sulla voce di Dio in me.
Domanda: Lei ha mai raccontato un Suo sogno ad un'altra persona?

1.17. "Ascesi e mistica"

Durante il mio primo anno nell'Ordine dei gesuiti trovai una rivista di spiritualità chiamata: "Rivista per ascesi e mistica". Era un periodico di spiritualità dei gesuiti. Oggi il titolo è "Spirito e Vita". "Ascesi e Mistica" – questo motto mi fece paura! Mi si vuole rendere, qui, un asceta malinconico e un mistico trasognato?
Ma che cos'è ascesi, che cos'è mistica? Dunque, *ascesi* deriva dalla parola greca "àskesis" e significa "esercizio". La vita è continuo esercizio. Una vita sana e buona dev'essere esercitata. Quasi tutti conoscono quest'aspetto per quanto riguarda l'alimentazione. Solo pochissimi sanno alimentarsi in modo così equilibrato da non ingrassare. La maggior parte di noi deve dirsi: ora basta! Sarebbe bello poter prendere una seconda fetta di torta, ma diventerebbe troppo. Ciò mi da' troppo peso – e cio è dannoso per il mio corpo. Questa è ascesi: dire "no" a cose che sembrano allettanti, ma che in realtà sono dannose. Ascesi ha a che fare con ordine e disciplina. La volontà ne è fortificata, lo spirito si dimostra signore, non gl'istinti sfrenati, che mirano solo alla soddisfazione dei bisogni!
E che cos'è *mistica*? La parola deriva dal greco "myein" e significa "guardare Dio" La mistica è il fare esperienza di Dio nella propria vita. Karl Rahner ha detto: "Il cristiano di domani sarà un mistico – oppure non sarà più!" Molti di Loro conoscono ancora com'era la situazione in un paese cattolico o protestante. La domenica si andava in chiesa perché lo facevano tutti. Chi non vi andava, era estraneo alla comunità. Oggi è completamente diverso: in città è evidente, ma anche in campagna. La maggior parte delle persone non va più alla Messa domenicale. Chi invece ci va, deve nuotare controcorrente. Deve sapere che importanza ha per lui l'Eucaristia. Deve aver percepito Dio nella sua vita. Dev'essere un mistico! E questo gli dà la forza di rimanere fedele alla Chiesa.
Domanda: Perché Lei va a Messa? È il desiderio di Dio che La spinge a farlo?

2. Il destinatario della preghiera

2.1. I santi

Una volta parlai con un paziente della mia età in ospedale. Durante una lunga conversazione gli chiesi: "Lei prega?" Lui: Venero i miei antenati! Tengo le foto di mio padre defunto e di mio nonno sullo scaffale. Parlo ai miei familiari mancati, chiedo loro consiglio, li prego." Da teologo, drizzai le orecchie. Questo è veramente pregare? Non merita la nostra preghiera soltanto il Dio trinitario? Davanti a Lui ci mettiamo in ginocchio. Lui è il nostro centro. - Ma com'è con Maria?

I protestanti rimproverano a noi cattolici di adorare Maria, di considerarla pari a una dea. E davvero Maria è (specialmente per le donne) un riferimento al quale aprire il proprio cuore e mostrare la propria vita. Molti sentono Maria più vicina che Dio Figlio o Dio Padre. Però è teologicamente importante constatare che Maria è un essere umano! Non può essere adorata. Ma può essere venerata – come sono venerati i santi.

Inizialmente, nella storia della Chiesa, solamente i martiri erano venerati. Hanno dato la loro vita per Gesù Cristo. Sono modelli. Sono in Cielo, dove ci hanno preceduti. Successivamente anche non-martiri furono posti sugli altari. Primo fra tutti Martin de Tours (317-397). Con il passare dei secoli aumentò sempre più il numero di cristiani esemplari. Allora la Chiesa si risolse a verificare se davvero tutti fossero "santi". Per questo fu introdotto il processo di canonizzazione. Ulrico di Augusta (890-973) fu il primo ad essere canonizzato secondo tale procedura. Napoleone e Hitler mossero il mondo, ma non in senso cristiano. Furono dominatori e misantropi! Tuttavia, anche cristiani di esemplare spessore etico non sono ancora santi. È necessaria la prova che abbiano compiuto un miracolo; vale a dire: si deve constatare che abbiano mediato la vicinanza di Dio presso una persona, che è stata così rinnovata, nel corpo e nell'anima. Insieme ai santi canonizzati ci sono molti più 'santi della quotidianità' - come, per esempio, gli antenati del paziente di cui raccontavo.

Domanda: C'è un santo – canonizzato oppure no – che rappresenta un modello per Lei?

2.2. Patroni

"È un dono di *Dio* che abbia ricevuto questo lavoro!" – così mi disse una volta un amico. "Lo devo alla mediazione di questo buon conoscente!" È spesso la nostra esperienza: se altre persone non si fossero ingaggiate per noi, non saremmo arrivati al punto in cui ci troviamo oggi.

Ora: è Dio – o sono gli uomini a procuraci il bene? All'epoca della Riforma ci furono molti dibattiti su questo problema. Martin Lutero accentuava che *Dio in Gesù Cristo* fosse l'unica

fonte di tutto il bene. Chi prega, dovrebbe farlo *solo* verso Gesù Cristo. Da lui possiamo sperare aiuto e consolazione.
La Chiesa cattolica venera, accanto a Gesù Cristo, *anche* i santi. Essi sono presso Dio e possono intercedere per me. Hanno fatto esperienze nella propria vita, che li mettono in grado di partecipare ad un particolare momento della mia vita. Così San *Vito* intercede contro l'enuresi notturna. Per i protestanti ciò è un orrore! Ma chi soffre di questa malattia, la pensa forse diversamente!
Quando sono agitato prima di un'omelia, invoco Santa *Caterina*. Questa affrontò una lunga disputa con 50 filosofi. Ebbe il coraggio di difendere la propria fede. Espresse in un linguaggio fluente ciò che l'animava nel suo intimo. E perciò è la patrona delle omelie. Il suo esempio mi aiuta quando sono eccessivamente nervoso.
Se devo suonare un pezzo difficile all'organo durante la Messa, allora invoco Santa *Cecilia*. È la patrona della musica sacra. Si trova interamente presso Dio – e nonostante questo, comprende le mie paure. Intercede per me.
E quando devo decidere se prendere il treno o l'aereo per andare in Italia, mi rivolgo a San *Francesco* d'Assisi. Lui amò molto la creazione. Scrisse il Cantico di Frate Sole. E perciò è il patrono degli ambientalisti. Il suo esempio mi dà la forza di prendere il treno. L'aereo sarebbe più comodo, ma il treno è più rispettoso dell'ambiente.
Domanda: Ci sono stati uomini nella Sua vita, che L'hanno aiutato nella Sua professione? *(Genitori, professori, colleghi, sacerdoti)*

2.3. Maria

Molti protestanti e anche numerosi cattolici hanno difficoltà con Maria. Altri la venerano sopra ogni cosa, per alcuni è più importante di Gesù Cristo stesso. Così dissi ad un cattolico convinto: "Amo molto Gesù. Era più umano di qualsiasi altro uomo!" Il mio interlocutore: "Ma è chiaro! – Con la madre che ha!" Ridemmo entrambi. Però ebbi una cattiva impressione da questa risposta. Maria riceve la sua importanza solo a partire da Gesù – e non il contrario!
Maria era già venerata nella Chiesa primitiva come madre di Gesù. Nel IV secolo la sua venerazione si fortificò molto. Il concilio di Nicea (325) rifletté su Gesù Cristo, soprattutto in quanto Figlio di Dio. Divenne "Figlio di Dio" sulla croce, come formulò il centurione romano: "Veramente quest'uomo era Figlio di Dio!" (Mc 15, 39)? Oppure fu già elevato a "Figlio di Dio" nel battesimo, quando la voce dal Cielo gli disse: "Tu sei il Figlio mio prediletto!" (Mc 1, 11)? O era il "Figlio di Dio" fin dall'inizio, quando Maria l'ebbe partorito? Dopo un lungo dibattito i padri conciliari convennero questa soluzione: Maria è genitrice di

Dio, in greco: “theotokos”. Come “Madre de Dio” è nominata nelle nostre preghiere fino ad oggi.
Molti si rivolgono a Maria con la fiducia che, a sua volta, indirizzi le loro richieste a suo Figlio. I protestanti si battono tenacemente contro questa spiritualità. Durante una discussione sulla “venerazione dei santi” un pastore protestante una volta disse: “Perché rivolgersi al subalterno, quando posso rivolgermi subito al capo?” E ricevette un grande applauso, perché aveva semplicemente ragione! Anch’io dico “Ascoltaci, o Signore” dopo ogni preghiera dei fedeli durante la liturgia! Il Signore Gesù Cristo è il destinatario. E nonostante questo, conservo un’icona di Maria nella mia camera. È la ‘Madre della tenerezza”. Tiene in braccio Gesù bambino, accostandolo alla sua guancia, piena di tenerezza. L’immagine irradia molto rispetto e riverenza nei confronti del Figlio Gesù Cristo. La contemplo spesso. Così posso imparare molto sull’attitudine amorevole e rispettosa da dimostrare verso gli uomini durante il mio lavoro pastorale.

2.4. Maria che scioglie i nodi

Ogni anno propongo un’escursione per i miei compagni gesuiti nella mia città, Augusta. Davanti alla chiesa di St. Peter accanto al municipio (chiesa che in passato era dei gesuiti) comincio sempre le mie spiegazioni così: “Ora vi mostrerò la Donna nella quale si è innamorato Padre Jorge Bergolio (più tardi Papa Francesco)!” “Come? Dove? Cosa?” Il disorientamento è grande. Poi parlo di Maria che scioglie i nodi. Durante il suo soggiorno di nove mesi come studente in Germania, il gesuita argentino visitò anche Augusta. E s’innamorò dell’immagine votiva di St. Peter am Perlach. Divenuto arcivescovo, diffuse l’immagine in dodici chiese dell’Argentina. Come Papa l’appese chiaramente anche nel suo appartamento a Santa Marta in Vaticano. Una volta la mostrò all’allora ministro degli esteri tedesco, oggi Presidente federale della Germania: Frank Walter Steinmeier. Questi disse: “Noi uomini politici dobbiamo sciogliere tanti nodi. È bene se Maria ci aiuta!”
Nel Settecento il gesuita Jakob Rem diede l’ordine di dipingere un quadro votivo. Pensò di non rappresentare Maria con il bambino, né con Sant’Anna, né insieme a Giovanni sotto la croce o con Gesù morto sul suo grembo. – No, la Madonna che scoglie i nodi mostra Maria da un'altra prospettiva! E questo è il principale motivo d’attrazione del quadro votivo di Augusta. Si percepisce l’aiuto di Maria nella quotidianità. Molta gente va ad Augusta per vedere il quadro e sostarvi davanti in preghiera.
Ciascuno di noi è già riuscito a sciogliere un nodo. A chi deve andare il ringraziamento? Sono io il solo responsabile del successo? Oppure è stato un caso fortunato? – O sono state

ascoltate le mie preghiere? Posso ringraziare Dio e Maria? Un uomo religioso sa che i suoi successi sono *doni*. Questo limita il rischio di vantarsene. Se Maria dei nodi ha concesso una riuscita, la gioia è comunque grande, ma non è causa d'arroganza. Si ringrazia Maria per il dono ricevuto.

Domanda: Quale immagine di Maria Le piace di più: con il bambino, con sua madre Anna, sotto la croce, con Gesù defunto oppure mentre scioglie nodi?

2.5. Maria ha aiutato

Il colpo apoplettico che ebbe mia madre nell'agosto 2017 in Italia (Bologna), durante le vacanze, fu un colpo anche per me! In un primo momento si trattò solo di scampare alla morte. Almeno due terzi dei pazienti con emorragia cerebrale muoiono nella prima notte. Io ero accanto al suo letto. Mia mamma strinse la mia mano con gran forza. Non voleva lasciarla. Ed io non mi volevo separare da lei. – Ed è sopravvissuta – con una paralisi al fianco destro.

Ritornato nella mia camera a Monaco di Baviera, cambiai la mia immagine di meditazione. Non contemplavo più l'icona di Cristo come in passato, ma il quadro di Maria che scioglie i nodi. Fu lei a predisporre il cammino di guarigione. Con molta pazienza e passo a passo sciolse i numerosi nodi.

Il primo nodo da sciogliere era la *lingua*. La logopedista a Bologna mi chiese se il linguaggio di mia mamma fosse disturbato. Io risposi: "Lei parla chiaramente, ma meglio in dialetto." La terapista: "È normalissimo! Una malattia simile fa regredire all'infanzia!" – Ma il colpo apoplettico le danneggiò la *vista*. Nella clinica di Augusta (nel settembre 2017) il problema delle immagini doppie fu risolto. Mia mamma tornò a vedere chiaramente. E poteva leggere di nuovo – un grande aiuto!

Anche l'insensibilità alla *gamba* destra guarì sempre di più. Si muoveva in avanti da sola per molti metri, appoggiata alla balaustra. Era semplicemente bello essere testimone di questa "buona guarigione"! Anche la *mano* paralitica recuperò sempre più forza. Per salutare, mia madre dava sempre la mano malata – e la sua stretta era forte! Quello sì che era un progresso notevole!

La sua casa di riposo a Friedberg (vicino ad Augusta) si trova a 200 metri dal santuario di Herrgottsruh. Ogni volta che faccio visita a mia mamma, la spingo con la sedia a rotelle fino alla grotta di Lourdes accanto alla chiesa. Qui, in un'atmosfera di preghiera, hanno luogo di tanto in tanto conversazioni spirituali. Una volta lei mi chiese: "Credi che Padre Geißler (del santuario di Herrgottsruh) preghi per me?" Io risposi: "L'ha promesso – dunque lo farà! – Tu hai fatto tanti progressi! Possiamo veramente ringraziare la Madonna. Qui nella grotta di Lourdes sono appesi molti doni votivi con l'iscrizione: "Maria ha aiutato!" – Noi potremmo aggiungere un altro dono!"

Quasi sette mesi dopo il colpo apoplettico i movimenti alla balaustra continuavano a migliorare. Poi mio fratello, l'ortopedico, ebbe l'idea di regalare alla mamma un carrellino. E lei correva su e giù per i corridoi della casa di riposo! Eravamo del tutto sorpresi. "Non avrei mai pesato così!" esclamò mio fratello. Ed io: "Nella teologia si dice: 'Ciò è *ammirevole* … !'" Lui: "Capisco:" (È davvero un *miracolo*)!

Domanda: Lei ha mai percepito con convinzione che Maria / Gesù / Dio l'abbiano aiutato!"?

2.6. Le Donne e Maria

Il film tedesco "Rama dama" (Noi ripuliamo) si svolge durante la guerra e il dopoguerra a Monaco di Baviera. Tratta delle molte donne impegnate nella rimozione delle macerie. Esse ricostruirono la città. Gli uomini erano prima in guerra e poi fatti prigionieri. Il film mostra la sopravvivenza delle donne. La protagonista va in campagna, fa scorta di risorse e rimane in vita. Fa un lavoro molto pesante e fisico. I suoi pensieri sono sempre con il marito in Russia. "Vivrà ancora? Come starà? Magari tornasse a casa il prima possibile!" La donna va continuamente alla stazione, perché vi giungono alcuni reducei. Ancora suo marito non è fra questi! Solamente un soldato dice di conoscere il suo Georg Wimmer. La donna s'abbandona a lui. Vuole sapere tutto: ma alla fine si scopre che egli ha mentito. Non conosce suo marito! Questo accade nel film, che si conclude a lieto fine, con il ritorno di Georg.

Quando le ospiti della casa di riposo raccontano del dopoguerra, ricordano anche la paura per i soldati russi, che facevano spesso violenza alle donne. Un'inquilina mi raccontò che lei ha avuto qualche capello grigio gia' in tempo giovane: dopo uno stupro. Un'altra anziana signora disse invece: "Io ho avuto fortuna. Ero incinta nelle ultime settimane di guerra. A me i soldati non hanno fatto niente!" Però molte donne non ebbero la stessa fortuna. La violenza carnale è una ferita all'anima, che non guarisce mai del tutto. Oggi qualche donna si fa aiutare da uno psicologo. Ma questo non era possibile al tempo, nel dopoguerra. Le vittime dovevano digerire lo stupro da sole. Un'altra inquilina che aveva subito violenza mi disse: "Io non volevo avere più niente a che fare con gli uomini. Per questo mi sono sposata solo molto più tardi." Trovò rifugio nella preghiera alla Madre di Dio. "Maria, prega per me Gesù, tuo Figlio, presso il trono di Dio." „Maria, bitt' an Gottes Thron für mich bei Jesus, Deinem Sohn." Questa donna, nella preghiera, sente Gesù più distante di Maria. Che la ragione sia semplicemente che Gesù è un uomo?

3. Il frutto della preghiera

3.1. Lo stupore

Durante la Pentecoste del 2016 ero a Milano con un gruppo di gesuiti. Il primo giorno volevamo visitare il duomo. Scendemmo dalla metropolitana e salimmo le scale: per la prima volta vidi quest'edificio così monumentale. Avevo il fiato sospeso! Guardavo pieno di stupore: una cattedrale enorme! I lavori di costruzione cominciarono nel Trecento, ed il duomo fu ultimato solo 500 anni più tardi. Ciò significa: gli artigiani addetti all'opera lavorarono per tutta la loro vita a questo solo edificio. Si associarono anche come "franchi muratori" – una comunità espressamente religiosa: l'immagine che prediligevano di Dio era l'edificatore del mondo, il Creatore. Era il modello dei muratori. Così la loro vita trovava un chiaro orientamento. Lavoravano per Dio.

Nel visitare il duomo rimasi stupito: gli uomini possono realizzare opere così grandiose! Il corpo e lo spirito sono in grado di produrre cose tanto enormi. – E così mi trovai a riflettere sull' *'uomo'*. Egli non è forse la più grande delle opere d'arte? Non è una cattedrale in miniatura? Milioni di anni fa sono comparvero i primi organismi unicellulari. Questi si svilupparono fino a diventare uomo. Egli è il fine dell'evoluzione, la corona della creazione. Il salmo 138 (v. 14) di ce: "(Dio), t i lodo, perché mi hai fatto come un prodigio; sono stupende le tue opere." E ogni uomo ripercorre nel corso di nove mesi questo sviluppo, raggiungendo, a partire dalle cellule originarie, una complessità enorme. Da una sola cellula, dall'ovulo fertilizzato, diventa un bimbo con occhi e orecchie, con mani e piedi... Questo è un vero miracolo! Di fronte ad esso possiamo solamente stupirci! Il salmista dice: "Sei tu che hai creato le mie viscere e mi hai tessuto nel seno di mia madre." (138, 13).

Molte donne si sentono per questo motivo così vicine al Creatore durante la gravidanza e al momento del parto. Percepiscono l'azione di Dio nel proprio corpo. Anche un padre mi disse una volta: "Ero presente in sala parto per la nascita del nostro primogenito – fu un'esperienza meravigliosa!

Domanda: Di che cosa Lei si è già stupito nella Sua vita?

(Natura, montagne, mare, arte, nascita di un bimbo, comportamento altruista di una persona)

3.2. Con una disgrazia

Giobbe è un allevatore di bestiame in Israele, come lo descrive il libro omonimo dell'Antico Testamento (cf. Giob 1, 1-5). Poi gli giungono notizie infauste. Le sue pecore sono colpite a morte. I suoi servi perdono la vita. I suoi figli e le sue figlie muoiono. (cf. Giobbe 1, 15-19). Alla fine è scritto: "Allora Giobbe si alzò e si stracciò le vesti, si rase il capo, cadde a terra, si prostrò e disse: "Nudo uscii dal seno di mia madre, e nudo vi ritornerò. Il Signore ha dato, il Signore ha tolto, sia benedetto il nome del Signore!" (Giob 1, 20 s). Ciò significa: gli animali, i servi e i figli erano per Giobbe doni di Dio. E Dio e' a lodare, anche se tutto crolla intorno a sé.

Mio padre mi raccontò di sua madre e di suo fratello maggiore Franz. Era soldato a Stalingrado. Se non giungeva una sua lettera per tre o quattro settimane, l'atmosfera in famiglia si faceva opprimente. Se sua madre riceveva un segno di vita, allora erano sollievo e fiducia. E poi arrivò la notizia, che Franz era deceduto. Fu un duro colpo, soprattutto per sua madre. Disse: "Con le mie mani lo tirerei fuori dalla terra, se conoscessi il luogo dov'è sepolto!" Il lutto ed il dolore erano grandi. Ma, nonostante questo, mio padre mi raccontò che sua madre ripeteva il versetto della Bibbia: "Il Signore ha dato, il Signore ha tolto!" (Giob 1, 21). Non poteva continuare, dicendo: "Sia benedetto il nome del Signore!". Era una richiesta eccessiva anche per la sua fede così forte.

Durante i miei studi di filosofia a Monaco di Baviera un compagno della mia annata si buttò sotto un treno. Era nel mezzo della sessione d'esame. Per me fu una disgrazia terribile. Avevamo intrapreso così tanto insieme! Presi la chitarra e suonai e cantai acclamazioni a Cristo: continuamente. "Kyrie eleison / Signore, pietà!" Gridai il mio dolore verso Dio. E questa preghiera mi aiutò. Mi tranquillizzò. E riuscii a studiare nuovamente per gli esami.

Domanda: Lei ha mai subito delle disgrazie? La fede Le è stata d'aiuto?

3.3. Miracoli

"Io non credo nei miracoli! Sono tutte favole!" Così mi disse una paziente della mia età. "Gesù era un buon uomo. È vissuto come un modello. Però non era un dio e nemmeno il figlio di Dio! E non ha fatto miracoli!" Nel corso della conversazione appresi che la mia interlocutrice leggeva una "Bibbia purificata". In questo libro sono omessi tutti gli aspetti straordinari della figura di Gesù: mancano le storie di guarigioni, le esperienze di preghiera, il rapporto con Dio. Gesù è declassato a un "maestro di sapienza" – allo stesso livello di Confucio, Socrate e Platone.

Mi dispiacevo per questa donna. Come potevo spiegarle la straordinarietà di Gesù? Le parlai dell'unità 'corpo-anima'. Essi dipendono l'uno dall'altra. Gesù guarisce globalmente: il corpo e l'anima. Al paralitico perdona prima di tutto i peccati (Mc 2, 3-12), guarendolo così anche spiritualmente, fino alle profondità dell'anima. E ciò elargisce grande forza al malato. A causa della gioia per il perdono di Dio le membra del paralitico tornano a muoversi. Lentamente egli si alza. E tutti si stupiscono: prende il suo lettuccio e se ne va!

In proporzione, possiamo comprendere bene anche noi questa situazione. Quando sono felice, salgo facilmente le scale – anche per quattro piani fino al mio ufficio nella casa di riposo. Quando invece sono depresso, mi è difficile salire anche solo un piano di scale.

Domanda: Che cosa fa Lei fa di straordinario, quando si sente felice?

(In una conversazione dimentica la fame, la sigaretta; ride liberamente, canta oppure fischia una melodia...)

3.4. Affinare la sensibilità

C'è un'inondazione. Un uomo si salva sul tetto della sua casa. Ma l'acqua continua a salire. Arriva una barca e vuole aiutarlo. Ma il nostro uomo respinge l'offerta e dice: "Ho pregato molto intensamente! Dio stesso verrà a salvarmi!" Vengono altre due barche, ma l'uomo rifiuta la proposta. Confida pienamente in Dio. Alla fine è costretto a nuotare – e muore annegato. Giunge in cielo e rinfaccia a Dio: "Ma che Dio sei! Non hai potuto fare niente per me? Sono sempre stato onesto! Non ho fatto mai niente di male ad un'altra persona! E ho pregato intensamente! Perché non mi hai salvato?" Allora il Buon Dio dice con calma e chiarezza: "Io ho spedito tre barche. E tu non hai voluto lasciarti salvare da nessuna di loro!"

Dio agisce mediante gli uomini – questo è l'insegnamento della storia. Durante la Seconda Guerra Mondiale un crocifisso fu danneggiato a Münster. Rimasero solo la testa e il torso di Gesù. Le gambe e le braccia andarono perdute. Oggi, sotto la croce, si trova la frase seguente: "Dio non ha altre gambe che le nostre gambe per andare dagli uomini. Dio non ha altre braccia che le nostre braccia per dare qualcosa agli uomini." Noi uomini siamo gli strumenti di Dio. Attraverso di noi l'aiuto divino raggiunge gli uomini. Ci possiamo ascoltare reciprocamente e alleviare così una sofferenza psichica. La preghiera affina la sensibilità per vedere dove e come possiamo aiutare. E fortifica la volontà di lasciarci aiutare a nostra volta. "È il cielo che ti manda!" diciamo qualche volta. "Tu sei un angelo di Dio! Da te mi lascio aiutare volentieri. Dio agisce attraverso di te!" Confidiamo in Dio, che ci vede e che vuole il nostro bene! – E che ci mostra il suo amore per mezzo dell'impegno di uomini attenti.

Domanda: Lei accetta facilmente l'aiuto degli altri? O ha paura, in questo modo, di diventarne dipendente?

3.5. La svolta

"La caduta del muro fu una cosa del tutto straordinaria, una svolta! Io non l'avrei mai immaginato! Fu assolutamente meraviglioso!" Così mi disse una maestra della scuola elementare della Germania dell'Est. Insegnava anche religione cattolica. Per questo ci capimmo bene. La svolta ristabilì la libertà di religione. Non c'è più uno Stato che vuole che i bambini crescano senza religione. Non ci sono più preti in prigione. A tutti gli studenti diplomati è permesso d'iscriversi all'università, a prescindere che siano stati cresimati oppure no.

A chi si deve questa libertà? Durante la conversazione parlammo di Michael *Gorbatschow*. Egli diede avvio alla perestroika, che fu all'origine della svolta. Alla fine degli anni '80 tutti i Paesi del Patto di Varsavia erano in bancarotta. Avevano bisogno di grandi riforme. Gorbatschow aveva compreso che il comunismo era definitivamente obsoleto. L'economia pianificata, che toglie responsabilità all'individuo, si era dimostrato inefficace. L'impiegato statale non era un imprenditore migliore dell'industriale privato! Così il politico russo fu costretto a introdurre delle riforme. Rinunciò al pugno di ferro, con il quale l'Unione Sovietica dominava il Patto di Varsavia. Alla Primavera di Praga del 1968 la Russia reagì con un'invasione. Alle dimostrazioni di lunedì del 1989 non più. I carri armati rimasero nelle caserme.

A chi altro dobbiamo questa libertà? Durante la conversazione con la maestra della Germania dell'Est parlai di Papa *Giovanni Paolo II.* Egli è da considerarsi oggi il principale iniziatore della liberazione dell'Est Europa dalla dittatura comunista. Fu il primo Papa dell'Est. Intraprese alcuni viaggi nella sua madrepatria, la Polonia. E parlò a milioni di uomini. In questo modo sosteneva la resistenza contro i comunisti. Il sindacato libero "Solidarietà" aveva molti membri. E alla fine prese il sopravvento.

Da cristiani siamo convinti che in fin dei conti dobbiamo all'azione di *Dio* la caduta del muro di Berlino. Nel nostro collegio a Francoforte celebrammo la Giornata dell'Unità tedesca, il 3 ottobre 1990, leggendoavanti il pasto il salmo 125 (1 ss.) : "Quando il Signore ricondusse i prigionieri di Sion, ci sembrava di sognare. Allora la nostra bocca si aprì al sorriso, la nostra lingua si sciolse in canti di gioia. Allora si diceva tra i popoli: 'Il Signore ha fatto grandi cose per loro.'" Ciò vuol dire: Dio ha dato forza per la resistenza. Sì, quella svolta fu meravigliosa, fu una vera meraviglia!**3.6. Il peccato originale**

Il "peccato originale" è un tema difficile. Davvero un bimbo può già peccare? Il peccato è trasmesso veramente da una generazione all'altra? Per Karl Rahner, un grande teologo gesuita, il peccato originale è il "peccato strutturale". Il nostro sistema economico a livello mondiale è ingiusto. I contadini nel Terzo Mondo guadagnano troppo poco. E noi sosteniamo questo sistema – che lo si voglia o no. Come esempio Karl Rahner menziona la *banana.* È troppo a buon mercato! Se una mamma dà da mangiare una banana a suo figlio, ecco che il bimbo è già all'interno del contesto di colpa. Non ha fatto un atto cosciente. Ma partecipa del peccato strutturale.

Sant'Agostino dice che il peccato dell'uomo consiste nell'anima *ricurva su se stessa.* Mi capitò un bell'esempio nella casa di riposo. Posticipai la mia liturgia mensile da sabato a martedì alle 16.00. Ma anche gli assistenti sociali avevano spostato l'ora di ginnastica da mercoledì mattina a martedì pomeriggio, dalle 15.00 alle 16.00. La dirigente mi consolò dicendo: "Gli inquilini preferiscono la Sua liturgia!" Chiaro che questo non era vero! Ne rimasi ferito: "Ci devo sempre rimettere io! Non ho nessun valore in questa casa..." Però poi, leggendo la Bibbia, m'imbattei nella frase dell'apostolo Paolo: "Fate tutto per la gloria di Dio!" (1 Cor. 10, 31). Il mio *Ego* ferito, ricurvo su se stesso, non è così importante! Si tratta di Dio! Della volontà di Dio! E della salute degli inquilini! Allora decisi di posticipare la liturgia di mezz'ora: alle 16.30. Informai la dirigente degli assistenti sociali, che accolse la notizia con gioia e mi mise a disposizione *due* assistenti. Questi accompagnavano gli inquilini alla mia celebrazione, finita la ginnastica. Era una cosa del tutto nuova! E questo è il risultato, quando la parola di Dio tocca un Ego ferito.

Il peccato originale è come una cappa che non lascia traspirare l'aria dal di fuori. L'aria al suo interno è soffocante e viziata! La parola di Dio è in grado di sollevare la cappa e togliere il tanfo del peccato originale.

Domanda: Chi è più forte: l'uomo cocciuto o il Dio amante?

3.7. Santificare la quotidianità

Ogni sabato pomeriggio partecipo ad un gruppo di preghiera. Preghiamo insieme il rosario. Poi parliamo di un argomento religioso. Da qui traiamo l'energia spirituale per la settimana. Vogliamo vivere la nostra quotidianità con Dio. Vogliamo 'santificare' la nostra vita di tutti i giorni. Ma com'è possibile farlo? – È prima di tutto una questione di consapevolezza: non mi trovo al mio posto per puro caso. È stata una mia decisione sposare quel partner o entrare in quest'Ordine. Ed è stato bene così! Ciò significa: è stata la volontà di Dio. Da Lui ho ricevuto il partner. Dalla Sua mano io l'ho accettato. Così nell'amore che mia moglie o mio marito prova per me si rivela anche l'amore di Dio.

E, viceversa, Dio mi dà la forza di amare il mio partner. Anche i figli non sono un semplice prodotto del caso. Dio ce li ha regalati. Sono il dono (Gabe) ed il compito (Aufgabe) ricevuti

da Dio. Quando mi preoccupo per la mia famiglia, adempio all'incarico di Dio. Il mio servizio per il mondo è servizio per Dio. In questo modo la mia attività puramente ordinaria riceve un senso profondo. I piccoli impieghi in casa o in giardino non rappresentano più un'accozzaglia di banalità, ma formano un'unità, perché tutto quello che faccio è dedicato a Dio; oppure, per usare un'espressione più incisiva: lo faccio per Dio!
Questa consapevolezza facilita molto il lavoro. È importante prendersi spesso del tempo per parlare a Dio del proprio partner e della propria famiglia. Dio desidera essere la base più profonda della mia vita.Quello che mi sembrerebbe altrimenti un insieme di futilità, assume con Dio un'unità. Lo stesso può essere fatto per ragioni molto diverse. A questo proposito, una piccola storia: "Un uomo va da uno spaccapietre e gli chiede: "Che cosa fa Lei qui? Risponde: "Spacco pietre!" Un altro dice: "Io guadagno denaro per la mia famiglia!" E un terzo: Io partecipo alla costruzione di una cattedrale!"
Domanda: Il servizio divino ha luogo solo in chiesa per Lei – oppure Lei vive anche la Sua quotidianità come un servizio a Dio?

3.8. Dare del TU a Dio

Forse Lei conosce la città croata di Dubrovnik. È un porto sul Mar Adriatico. Dal 1979 patrimonio universale dell'umanità. Nel Medioevo era rivale di Venezia. Mura robuste circondano la città. Oggi il turismo ha un ruolo molto importante a Dubrovnik. Così anche noi passammo le vacanze nella Croazia del Sud con il nostro anno di noviziato, nel1983.
Poche settimane prima eravamo tornati dai ‚grandi Esercizi spirituali'. Sono esercizi di silenzio, durante i quali ci si dedica singolarmente alla preghiera per molte ore. Io riflettei a lungo sul Padrenostro. Così mi resi conto che a Dio ha ci si rivolge spesso rivolto con il "TU". Do del tu a Dio, così grande e potente? Non è forse troppo umano vedere in Dio un "TU"? L'induismo ed il buddismo non conoscono un Dio personale. I cristiani argomentano al riguardo: "Se *io* sono persona, tanto più Colui che mi ha creato!" E così noi cristiani osiamo dire "TU" a Dio. Questo mi fece pensare durante gli Esercizi.
E poi arrivai a Dubrovnik. Qui ogni auto porta la targa DU (la parola tedesca per l'italiano TU). Così vidi dappertutto un riferimento a Dio, al Dio personale. DU, DU, DU, ovunque DU! Non trovavo pace! Lo interpretai come un invito a dire sempre e nuovamente "TU" a Dio. Come Gesù dice "Abbà, TU" a Dio. Gesù non chiama Dio soltanto come suo Padre. No, gli dice "papà, babbo"! Al suo Creatore! Così presi a modello Gesù. E pregai consapevolmente con il TU. Cambiai il "Gloria al Padre" in questo modo: Gloria sia a Te, Signore, al Padre e al Figlio e allo Spirito Santo!" Il motto dei gesuiti: "omnia ad maiorem

Dei gloriam" lo riformulai: "omnem gloriam ad Te, Deus!" E: Il mio spirito esulta in Te, Dio, mio Salvatore!" (cf Lc 1, 47). E imparai ad apprezzare nuovamente quest'aspetto della nostra fede cristiana. Perché, dov'è un'altra religione, nella quale Dio è così vicino ad ogni fedele come nella nostra!?

Domanda: Lei trova irrispettoso dare del TU a Dio?

3.9. Io sono Io!

"Chi sono?" Così si domandava un giovane animale nella favola. Andò dall'elefante. "Sono un elefante? – Ma no, mica ho una proboscide! Chi sono?" E andò dalla giraffa. – "Ma no, mica ho un collo lungo." E andò dal rinoceronte. "Ma no, mica ho un corno sul naso! Chi sono io?" – "Io sono Io!" – Questa è la soluzione! "Sono del tutto diverso dagli altri. Sono unico! Io sono Io." - Così racconta la favola.

Il confronto ci tocca in profondità. Vogliamo essere migliori del compagno di classe, più fortunati del collega di lavoro e più forte del confratello. Una via d'uscita da questo continuo rivaleggiare è offerta per molti dalla relazione di coppia. I due partner sono molto diversi l'uno dall'altro. Sono (nella maggior parte dei casi) di sesso diverso. Spesso si distinguono nell'appartenenza sociale. La loro esperienza di vita non è uguale. – E, nonostante questo, si comprendono. Non devono giocare a superarsi a vicenda. Non devono pensare alla produttività nella relazione. Possono essere così come sono: "Io sono Io!" La psicologia parla in questo caso di "*individuazione* riuscita". Io trovo me stesso. Faccio esperienza di essere un individuo. Nessuno nel mondo intero è come me! Sono unico. Questa esperienza è il frutto di una relazione di coppia. –

E che cosa dobbiamo fare noi, nel celibato? – L'individuazione riuscita può essere anche il frutto di un processo spirituale. Per molti la preghiera consiste nel recitare testi imparati a memoria. Chi, invece, vive celibe e consacrato a Dio, fa molto di più. Sosta davanti all'icona di Cristo o davanti al tabernacolo nella cappella per diverse ore al giorno. Gode il tempo che trascorre presso Dio. Non deve dimostrare niente. Non deve essere produttivo. È libero di essere com'è. Così ne risulta un'individuazione. La risposta alla domanda: "Chi sono io?" è offerta a colui che prega: "Tu sei un amico di Dio. Tu sei un figlio amato / una figlia amata. Tu sei un figlio di Dio!" Una tale consapevolezza non si può raggiungere forzatamente. Ci si può soltanto aprire a lei, attenderla – e poi godere di lei.

Domanda: Lei ha avvertito nel Suo matrimonio che: "Io sono Io"!

3.10. Verità

"Sia invece il vostro parlare sì, sì no, no, il di più viene dal maligno." (Mt 5, 37) – Così dice Gesù nel discorso della montagna. Quanto siamo veri verso noi stessi e verso gli altri? Ascoltiamo la voce di Dio in ciò che accade nella nostra vita? – Una bella storia al riguardo è la cavalcata sull'asina del profeta Balaam, nell'Antico Testamento (cfr. Num 22-24). Il saggio pagano deve *maledire* Israele e vi si reca in sella a un'asina. Dopo poco l'animale s'intestardisce e si rifiuta di continuare. Un angelo del Signore ha bloccato il cammino. All'inizio solo l'asina se ne rende conto. Nella sua brutalità e cecità Balaam prende a colpi l'animale, fino a farlo cadere a terra. Alla fine il Signore apre gli occhi al profeta, così che anche questi riconosce l'angelo di Dio. Il Signore gli ordina di *benedire* Israele, cosa che egli poi farà. Balaam reagisce a questa esperienza e obbedisce alla voce di Dio.

Molti di noi sono fisicamente impediti. La soluzione non è fare violenza a se stessi, ma l'accettazione dell'handicap. Così si realizza *la veridicità verso noi stessi.*

Simile è *la veridicità verso gli altri.* A questo proposito è molto importante essere aperti e avere stima per gli altri. "Non si deve dire tutto, ma tutto quello che si dice dev'essere vero!" Questo è un buon compromesso. Rifiuta la menzogna. Perchè senza verità la fiducia è minata. E "le bugie hanno le gambe corte", la verità viene sempre a galla.

D'altra parte, non ci si deve rendere all'altro senza filtri né protezione. Chi dice tutto indistintamente, rischia di tradire il proprio interiore. Chi ha il cuore sulle labbra, si rende vulnerabile. Perché di cose personali si parla soltanto con persone di fiducia. "Non si deve dire tutto, ma tutto quello che si dice dev'essere vero!"

Domanda: Che cosa fa Lei per tenere il proprio corpo in briglia? "Fratello asino", come Francesco d'Assisi dice, è spesso testardo!

3.11. Perdono

Nell'aprile del 2017 ci fu un attacco di gas tossico in Siria. Più di 80 persone persero la vita, tra cui 20 bambini. L'America rispose distruggendo l'aeroporto dal quale avevano decollato gli aerei. Questa disposizione andava contro il diritto internazionale. I rapporti con la Russia e l'Iran si fecero in questo modo ancora più tesi. Ma il presidente Donald Trump era risoluto ad agire. Voleva vendicare l'azione ingiusta del presidente Assad. Una volta si chiese a Trump quale fosse il suo passo biblico preferito. La risposta fu: "Occhio per occhio, dente per dente!" (Es 21, 24) – 'Come tu fai a me, così io faccio a te!' Si può pensare: è il tipico ius talionis (diritto alla vendetta) dell'Antico Testamento. Ma a quel tempo si trattava di un progresso! Prima di allora ci si vendicava cinque o anche dieci volte: "Se tu mi cavi *un* occhio, allora io cavo gli occhi a *dieci* tra i tuoi!" Il comandamento 'Occhio per occhio' – 'Per *un* occhio solo *un* altro occhio!' è il tentativo di ridurre per quanto possibile la violenza. Gesù, invece, fa un passo ancora più avanti nel suo discorso della montagna. Ordina di rinunciare totalmente alla reazione violenta. La risposta di Gesù raggiunge un culmine d'umanità: "Avete inteso che fu detto: Occhio per occhio e dente per dente; ma io vi dico di non opporvi al malvagio! (Mt 5, 38 s). Gesù conosce la spirale della violenza: tu fai del male a me – e io mi vendico! La pace è possibile soltanto se colui che ha subito un'ingiustizia non la vendica con la stessa arma, ma rinuncia alla sua vendetta. Il desiderio di rivincita deve cedere alla richiesta di perdono!

All'ospedale visitai un anziano paziente ebreo. Mi raccontò di essere sopravvissuto in un campo di concentramento. Io gli domandai: "Prova odio verso i nazisti?" Lui: "Odio? Che cosa avrei dovuto fare della vita che mi è stata concessa? Avrei dovuto avvelenarla con dell'odio? Ho cercato di perdonare. Ho cercato continuamente di perdonare ai miei persecutori. L'ho fatto solo per me; la mia azione ha mirato quasi sempre al mio stesso vantaggio!" Perché: 'Chi medita vendetta, tiene aperta la ferita!'

Domanda: Lei agisce secondo il motto: 'Come *tu* a me, cosi io a te?' oppure: 'Come *Dio* a me, cosi io a te!'?

VII. Sequela radicale

1. Nella povertà

1.1. Lavoro, professione, vocazione

"To make money", guadagnare denaro: è questa la cosa più importante per gli studenti americani, finita l'università. La tassa d'iscrizione è così alta, che quasi tutti gli studenti sono indebitati. Per questo devono guadagnare presto molti soldi. Non importa se trovano un'attività che sia loro conforme: si tratta di un *lavoro* per guadagnare del denaro.

Per fortuna esistono anche molte persone che praticano un mestiere o una *professione.* Anche in questo caso il guadagno è importante; ma non è l'unica ragione per praticare la professione. Mi offre un'occasione di sviluppo. I miei talenti e le mie conoscenze sono valorizzati. Qui mi posso realizzare.

Ci sono poi professioni che diventano *vocazioni.* Un musicista vive – idealmente – per la musica. Ne è riempito, è la sua ragione di vita. Il direttore d'orchestra, nel vedere molti ospiti al concerto, non pensa: "Bene, abbiamo incassato!" No, ne è felice e dice: "Tanta gente si interesse per la mia musica!" – Anche un'assistente sociale che visitai come paziente all'ospedale, mi disse: "Per me la professione è una vocazione. Vedo la gran miseria di un uomo schiacciato dai debiti. E gli mostro il cammino per uscire dalla crisi – e lui ne è grato. Sì, posso liberare una persona consigliandola nella gestione dei debiti! È una forma di 'redenzione'. Ed io posso farne da tramite!" –

'Redenzione' è una parola teologica. Anche 'vocazione' è un termine del lessico religioso. Chi si sente chiamato da Dio, o chi vede nel servizio a Dio la sua attività, non pensa prima di tutto di guadagnare denaro. I soldi sono importanti per vivere; ma accumulare denaro e lavorare per i soldi – ciò non appartiene ad una vocazione religiosa. Noi consacrati facciamo voto di povertà. Il nostro standard di vita può essere più basso che praticando un lavoro o una professione. Questo non ci rende invidiosi. Ci sono cose più importanti al mondo del consumo e del comfort!

Domanda: Come lottare l'invidia per quanti guadagnano meglio di noi?

(Un'altra gerarchia di valori, realizzazione nella professione e nella famiglia).

1.2. Senza guadagno

A fine agosto 2017 dovetti partire in fretta e in furia per Bologna, in Italia. Mia madre aveva subito un colpo apoplettico durante le vacanze. Il medico della clinica universitaria mi disse al telefono: "Venga subito, se vuole vedere Sua madre viva ancora una volta! Tre quarti dei pazienti non sopravvivono la prima notte!" Dopo otto ore di viaggio arrivai nella clinica e cercai mia madre nel reparto di terapia intensiva. Quando lei si rese conto che ero lì, si girò verso di me e mi chiamò a gran voce: "Dietmar!" – Io risposi: "Mutti!" – E l'abbracciai. Fu meraviglioso! – Mia madre sopravvisse con una paralisi al fianco destro. Oggi sta in una casa di riposo a Friedberg, vicino ad Augusta. Si muove in sedia a rotelle o con un carrello.

Rimasi a Bologna ancora nove giorni, finché si poté trasportare mia mamma in ambulanza fino ad Augusta. In quel periodo feci da interprete e accompagnatore di mia madre. Così ebbi una conversazione con il primario. Questi aveva saputo che io sono *diacono*. Ora, mi chiese in mezzo a un gruppo di medici assistenti e di infermiere durante una visita: "Che cosa fa Lei, come diacono, per tutto il giorno?" Io: "Lavoro in un ospedale." Questo fece molto piacere ai presenti: "In un ospedale! È un collega! Bene!"

Però il primario continuò a chiedermi: "Praticando quella professione Lei lavora all'ospedale?" Allora io pensai: Dovrei forse dire 'come infermiere'? Questo sarebbe consono all'attività del diacono, farebbe piacere alle infermiere, e renderebbe i dottori soddisfatti". – Solo: Non è vero! Così dissi: "Lavoro come 'assistente *spirituale*'". A questa parola tutto il gruppo rimase a bocca aperta! Fu come un fulmine! Qualcuno osa dire la parola 'spirituale', dove nelle cliniche è importante soltanto la guarigione 'corporale'. In quella

situazione mi sentii come in un'associazione di ateisti, nella quella dicessi: 'Sono un uomo di Dio!' - Il primario parlava di come certamente offrissi la Comunione e delle conversazioni che facevo in ospedale. Poi però parlò del denaro: "Quanti soldi guadagna da assistente spirituale?" Io: "Non guadagno niente!" Lui: "Che cosa? Lei fa un lavoro senza guadagnare denaro?" Io: "Amo la mia professione!" Lui: "Ma Lei deve pur vivere di qualcosa!" – Io: "Il mio Ordine mi finanzia!" – Lui: "Che Ordine?' Io: "Sono un *gesuita*!" – Fu il colpo successivo per i presenti: un gesuita! Poi io aggiunsi: "Anche il Papa è un gesuita!" – Il primario: "Lo sappiamo! Non ci racconta niente di nuovo!" - Così si concluse la 'conversazione'. Fu la collisione di due mondi incompatibili!
Domanda: Lei ha già fatto un lavoro senza guadagnare nulla, a titolo puramente onorifico?

1.3. Avere o Essere

Durante il mio primo anno nell'Ordine frequentai un corso pratico (un cosiddetto 'esperimento') a Francoforte sul Meno. Arrivando in città vidi già da lontano i palazzi delle banche. Mi resi immediatamente conto: a Francoforte vigono altre leggi che nel noviziato. Qui vige la legge del denaro – e la rinuncia intesa come voto di povertà non è richiesta. Scesi quindi dal treno alla stazione ferroviaria e mi recai nella Kaiserstrasse. Qui c'è un bordello accanto all'altro. Qui vige dunque la legge della sessualità sfrenata – E non il voto di castità. Il giorno successivo cominciai a lavorare nel centro commerciale"Kaufhof" nella Zeil. È la principale via dello shopping nella città. Qui vigono le leggi del consumo – E non l'austerità di un cristiano dell'Ordine.
Avevamo molto da fare stando alla cassa centrale del Kaufhof durante i saldi di fine stagione. Così la mia mezz'ora di pausa a mezzogiorno era una gioia. Mangiato un panino, facevo una breve visita alla chiesa dei francescani, che si trovava vicino al centro commerciale. Per controbilanciare all'abitudine al consumo di molti clienti, cercavo qui la spiritualità. A prima vista, Dio non era presente in quella città. Ma io volevo attingere forza nel silenzio della chiesa vuota per impegnarmi nei miei valori cristiani. Dio doveva essere forte nel mio cuore. Coì mi era possibile ributtarmi nella mischia. –
Anche nella casa di riposo vigono altre leggi rispetto a prima. Così dissi al gruppo di canto: "Da una parte, voi avete perduto quasi tutte il vostro partner. Però lo portate nel cuore. È forte dentro di voi. Guardate la sua fotografia. Parlate con lui. Vive in voi. E, d'altra parte, voi non potete più fare grandi progetti. Ma umanamente e spiritualmente volete progredire ancora. Volete essere una mamma, nonna e forse anche bisnonna buona ed amorevole. E, infine, avete posseduto molto in passato. Adesso vivete in una camera singola, vi siete dovute separare da

molto. Così il desiderio di *avere* lascia il posto al desiderio di *essere*. I valori interiori assumono sempre maggiore importanza. Forse non sentite più il bisogno di *avere* molto. Forse volete semplicemente *essere*: contente, calme, amorevoli, interiormente serene.
Domanda: Che cosa L'aiuta ad essere contento e calmo?

1.4. Vacanze ricche

Durante un corso di lingua inglese a Londra, si trattò anche il tema 'vacanze'. Ci fu posta la domanda: "Come passo le mie vacanze?" Per me era chiaro che i miei compagni di classe non provenivano da famiglie povere. Un allievo disse: "I miei genitori possiedono uno yacht nel Mr Mediterraneo. Passiamo alcune giornate in barca. È rilassante e riposante." Io non risposi niente. Ma pensai: "Pernottare in uno yacht è la soluzione più cara per dormire stretti e scomodi!"
Un'altra ragazza del corso raccontò delle sue vacanze in un albergo di lusso vicino alla spiaggia. Lì può scegliere se andare al mare o nella piscina privata. È rilassante e riposante." Anche questa volta non obiettai niente. Ma mi ricordai del viaggio in Sardegna con un gruppo di giovani. Dovevo passare ore e giornate intere sulla spiaggia. Il gruppo di ragazzi aveva desiderato espressamente di andare nell'isola italiana. Io, invece, mi chiesi molto presto il senso di quella vacanza: "Che cosa faccio qui?" È evidente che leggevo un libro. Ma l'avrei potuto fare meglio a casa, in camera mia. Questa fu la mia esperienza di vacanze in spiaggia!
Quando *io* presi la parola durante il corso a Londra, raccontai delle mie vacanze in una tenda! "In una tenda?" mi chiesero sconcertati e stupiti: – "Sì", risposi: "In un campeggio!" E cominciai a raccontare: "Al centro stava il falò. Noi sedevamo intorno. Guardavamo le fiamme divampare e guizzare. Cantavamo canti accompagnati dalla chitarra. Abbiamo fatto esperienza di comunità. Ogni giorno aveva il proprio carattere; non ci si annoiava mai; avevamo un programma di attività molto diverse: abbiamo visitato una grotta di stalattiti e stalagmiti. Abbiamo giocato a minigolf e a giochi-scout nella foresta. Siamo andati in piscina. Abbiamo fatto un rally in bicicletta e giri in pedalò sul lago. Abbiamo giocato a calcio. Abbiamo celebrato liturgie – e ci siamo incontrati ogni sera nella tenda della comunità per una riflessione biblica. Abbiamo fatto moltissime esperienze diverse in quei dieci giorni di campeggio. È stato proprio un bel periodo e non è mai diventato noioso. Non si è mai posta la domanda sul senso della vacanza. Sono state vacanze "ricche". E, ciononostante, la quota richiesta era così bassa, che a tutti era possibile partecipare. – Vedete, cari compagni di classe: 'Delle vacanze belle e piene non dipendono dal portamonete!'"
Domanda: Dove ha passato Lei le vacanze le più belle?

1.5. Vivere con i poveri

"Hasenbergl" a Monaco di Baviera è un quartiere popolare nel Nord della città. Qui seguivo un gruppo di bambini durante i miei studi. Noi studenti andavamo a prendere i ragazzi e le ragazze nel loro appartamento. Così avevamo contatto anche con i loro genitori. Questi avevano un grande desiderio: andarsene da quel quartiere. All'epoca (1984-1986) gl i appartamenti di due camere non disponevano d'acqua calda. Il gabinetto era fuori dall'appartamento nella tromba delle scale. Ed era usato in comune da diverse famiglie.
Oggi abitano lì le "Piccole Suore di Gesù". È un Ordine cattolico fondato da Charles de Foucauld (1858-1916). L e suore vogliono consapevolmente vivere al fianco dei poveri. Le suore lottarono con la città di Monaco per un posto in un condominio ad Hasenbergl.'Le suore non sono indigenti. Non devono stare in una casa popolare messa a disposizione dalla città!' Così pensarono all'amministrazione. Ma alla fine il comune di Monaco acconsentì. Le suore andarono ad abitare nell'appartamento.
Che cosa fecero? Separarono la camera da letto con una parete di legno. E così crearono una piccola cappella! Qui tenevano la loro adorazione quotidiana. Il pane semplice, che non dà nell'occhio, in realtà è molto prezioso. È Dio se stesso. E anche il semplice abitante del quartiere, che non dà nell'occhio, in realtà è molto prezioso: è un uomo, dunque l'immagine di Dio. Questa è la spiritualità delle Piccole Suore di Gesù. Sono vicine ai poveri e vivono con loro. Una suora lavorava come donna delle pulizie alla BMW. Un'altra nella mensa universitaria. La terza era casalinga. Impiegava molto tempo a fare la spesa, perché s'intratteneva in molte piccole conversazioni. Curava i contatti con gli abitanti del quartiere.
Una volta noi studenti fummo invitati dalle suore. C'era una bella atmosfera. Le religiose facevano davano l'impressione di essere contente, anzi: felici. Volevano vivere consapevolmente in povertà, benché avessero potuto fare diversamente. Due di loro avevano concluso gli studi. L'altra una formazione professionale. Come deve ardere l'amore per Dio e per i poveri in quegli uomini! Le tengo a modello nelle mie decisioni. Il loro modo di vivere mi stimola a non prendere l'aereo, ma piuttosto il treno per amore della Creazione, di passare più tempo in preghiera, di portare l'amore di Dio agli ospiti della casa di riposo e dell'ospedale.
Domanda: Lei trova gioia qui, nella casa di riposo? Vive in uno spazio ristretto – e in passato aveva un appartamento o una casa!

1.6. Nel centro d'assistenza della stazione

"Il diavolo ha fatto l'alcol per rovinarci!" Avevo spesso in mente questo canto, quando, durante i miei studi a Francoforte, passavo le domeniche pomeriggio nel centro d'assistenza della stazione – per aiutare. Il centro è un luogo di ritrovo per i senzatetto. Dormono in parte sotto i ponti – o addirittura nei bagni pubblici. Nel centro potevano ricevere da mangiare. Noi collaboratori preparavamo panini e distribuivamo caffè. I senzatetto potevano prendere posto, ma solo per un quarto d'ora. Poi arrivavano i prossimi: erano tanti!

Qualche volta parlai con questi uomini. Mi raccontarono la loro sorte. Il fattore scatenante per la caduta in quello stato era spesso la rottura del matrimonio. La moglie aveva chiesto il divorzio, aveva preso i figli in custodia per sè – e cacciato il padre fuori dall'appartamento. Questi doveva vivere sulla strada, dove diventò dipendente dall'alcol – il presunto consolatore dell'anima. Lo stato di senzatetto e l'alcolismo lo fecero cadere sempre più in basso: fino a renderlo dipendente dalla mensa del centro d'assistenza.

Una volta, sedevano lì anche due bambini. Io ero inorridito! "Che cosa cercano i bambini in questa miseria?" Il loro padre mi spiegò: "Sono divorziato e posso vedere i miei figli ogni due settimane. Ma dove andare con loro? Non ho un appartamento. Per un ristorante non ho i soldi. Così rimane solo il centro, qui." Provai pena per i bambini. Offrii loro della cioccolata – per rendere la situazione un po' più tollerabile.

1.7. Con un mendicante

Li incontriamo quasi dappertutto. Alcuni suonano nel parco. Altri si rivolgono ai passanti. E la maggiore parte di loro siede sul ciglio della strada e aspetta. Che tipo d'esperienza dev'essere questa?! "La gente mi passa davanti. Nessuno si accorge di me come essere umano. Sono una protuberanza molesta nella vita di una città."

Il poeta tedesco Rainer Maria Rilke (1875-1926) conobbe bene lo stato d'animo di molti uomini dipendenti dalla beneficenza altrui. Decise di non dare alla mendicante di Parigi nemmeno una moneta. Questa era necessaria per il suo corpo. Ma l'anima ha bisogno di qualcos'altro! Così mise una *rosa* nella mano della mendicante. Lei lo ringraziò molto – e visse per una settimana intera di questo simbolo d'amore.

A Monaco un giovane rumeno in stampelle fa sempre l'elemosina sulla Schellingstrasse. Io passo di lì quasi ogni giorno. All'inizio misi una moneta nel suo cestino. Ma poi pensai a Rilke – e gli diedi una piccola tavoletta di *cioccolato*. Come gli fece piacere! Come mi baciò la mano! Come mi ringraziò! Come mi continuò a gridare dall'altra parte della strada: "Tante grazie, grazie mille!" Avevo fatto qualcosa per la sua anima. Egli è un uomo, con sentimenti e

autostima. E questo rumeno soffre molto ad essere mendicante in un paese straniero, dove deve passare le notti in un parco, dove fa freddo e l'inverno è pericoloso.
Da quando gli donai il cioccolato ho una relazione con lui. Per questo, poco tempo fa, mi voleva regalare un'*arancia*. Io, purtroppo, rifiutai: "Non posso accettare niente da un mendicante!" Ma sarebbe stato un gran guadagno per la sua autostima, di sentirsi allo stesso livello di un tedesco. Per questo, all'incontro successivo, mi scusai. "Mea culpa", aveva capito. Fu in grado di dire la parola del perdono. Era assolutamente al mio stesso livello, anzi, un gradino più sopra! Ne nacque per me una piccola *amicizia*.

1.8. Senza carne

In passato solo al padre di famiglia spettava mangiare carne. Tutti gli altri ricevevano un piatto di patate o a base di farina, burro e uova. Negli anni duri del dopoguerra i piatti di carne erano rari. La situazione cambiò soltanto con il boom economico in Germania (dopo il 1948). Allora mangiare carne divenne il segno che ci si poteva di nuovo permettere qualcosa, che il peggio era passato. E così ci sono persone, oggi, che mangiano carne ad ogni pasto: chiaramente a pranzo, ma anche la salsiccia a cena, e addirittura a colazione.
A intervenire per primo, in questi casi, è il *medico*. Fa semplicemente male alla salute assumere tante proteine animali. La gotta, per esempio, è una malattia causata dal consumo eccessivo di carne.
Poi interviene l'*esperto del Terzo Mondo*. La carne è un prodotto di finitura. Per ottenere lo stesso valore nutritivo si deve utilizzare molto più foraggio. Perché il maiale, per esempio, consuma molte calorie. Le patate o i cereali si potrebbero mangiare, invece di essere utilizzati come foraggio. E così ci sarebbero molti più alimenti a disposizione nel mondo. Penso alle popolazioni affamate nei Paesi in via di sviluppo.
In terza istanza, mi approccio ial soggetto a partire dalla *filosofia*. Aristotele classifica la realtà in scale dell'essere. La pietra esiste, mentre la pianta esiste e ha anche vita. Per questo la pianta ha un valore superiore della pietra. L'animale esiste e vive, come la pianta, ma ha anche una coscienza; può ascoltare, vedere, sentire, gustare e odorare. Dunque l'animale vale più della pianta. Ed ora, in conclusione: se mi posso nutrire della pianta, che si trova su una scala inferiore, allora rinuncio a piatti di carne per evitare di uccidere animali, che sono di valore superiore. Fu una delle considerazioni più importanti che mi offrì lo studio della filosofia.

E, infine, vorrei citare il *teologo* Tommaso d'Aquino, che scrive: "Animal quasi animam habet!" – In ogni animale c'è qualcosa d'immateriale. Non è semplicemente un agglomerato di materia. Vale molto più di una pietra.
Tutte queste considerazioni motivano il mio grande rispetto per gli animali. E per questo non voglio ucciderne – solo per il mio godimento!
Domanda: Lei sceglie, qualche volta, anche piatti *senza carne*?

1.9. La povertà per Socrate

"Il desiderio di denaro non conosce fine!" Sentii pronunciare questa frase da un'inquilina nei riguardo del suo affittuario. Questi possedeva già un albergo con appartamenti in affitto. E adesso si costruisce una seconda casa. E aumenta l'affitto. Sì, il desiderio di denaro non conosce fine!" È la normalità!
Gli uomini chi riflettano e sono in ricerca, vivono diversamente. Il solo possesso di beni, il desiderio di avere sempre di più e la soddisfazione immediata dei propri differenti bisogni, non sono tra i loro principi di vita. La gente che a cui interessa solo *l'avere,* manca dell'essenziale. Non conosce il vero senso della vita.
Il filosofo più importante dell'Antica Grecia fu Socrate (470-399 a.C.). Visse ad Atene e si diese come compito quello di condurre le persone all'essenziale. Una volta girò per la città a mezzogiorno con una lampada accesa, gridando a gran voce: "Cerco un uomo! Cerco un uomo!" Oppure, un'altra volta, allargò le braccia verso il mercato di Atene, esclamando: "Come sono felice di poter rinunciare a tutto questo con gioia!" La frugalità e la povertà erano caratteristiche di un filosofo. Egli sa che la sola materialità non è sufficiente. L'intelletto e la spiritualità vi si devono aggiungere: è la convinzione nei valori interiori. –
Anche Gesù visse la frugalità e la povertà 400 anni più tardi. Nel suo discorso della montagna disse: "Beati i poveri in spirito, perché di essi è il regno dei cieli." (Mt 5, 3). Io tradussi per me questa beatitudine così: "Beati, felici, pieni dovete essere, per poter vivere poveri!" Se il mio lavoro mi piace, se nutro buone relazioni con i compagni, gli amici e la famiglia, se la preghiera mi fa bene – se ho tutto questo, posso vivere povero. Se ho questo, non sono invidioso di chi possiede di più.
Domanda: Come si manifesta che Lei non è dipendente del denaro? *(Offerte, tempo per gli altri).*

1.10. La povertà per Papa Francesco

Il Papa non è uno che indica solamente la via! Non mostra la direzione: è questo il cammino che dovete prendere! – E poi lui resta al suo posto! No, Papa Francesco è una guida alpina. Va avanti per primo. Se noi lo seguiamo, sappiamo: questo è il cammino giusto. La sua semplicità convince molta gente. Ai giovani presenti alla Giornata Mondiale della Gioventù di Rio de Janeiro, nel 2013, consigliò di arrivare con alcuni giorni d'anticipo. E di andare nelle baraccopoli della città. Qui avrebbero potuto conoscere uomini veramente poveri. E questo può incidere sull'attitudine ed il comportamento dei giovani ricchi. In un quartiere povero di Buenos Aires c'è una latrina. Oggi vi si legge la targa: "Su questo luogo si è seduto anche il Papa!" Egli è andato nelle baraccopoli. Sa di che cosa parla. La sua semplicità si manifesta anche nel fatto che non vive nel palazzo papale. Abita, invece, in un appartamento nella casa degli ospiti in Vaticano, fornita molto più modestamente. Rifiuta anche la limousine papale. Utilizza un semplice Fiat. Una caricatura illustra bene quest'aspetto, portandolo all'estremo. Un dipendente del Vaticano dice: "Una volta fare l'autista del Papa era un lavoro da sogno! E oggi? – Il Papa va in tandem: davanti sta l'autista, e dietro il Papa!

Una sua debolezza è che è poco diplomatico. In questo modo ha escluso i boss della Mafia dalla Chiesa. Ciò non era mai stato fatto da nessun altro Papa prima di lui! Evidentemente la Mafia medita vendetta. Così Papa Francesco deve portare un giubbotto antiproiettile sotto il talare: speriamo che aiuti! Per molti, il duro atteggiamento contro la Mafia s'addice alla sua rettitudine. Egli dimostra la sua convinzione, anche se gli rende la vita più difficile! – Nel mio ospedale, lo "Josephinum", i pazienti più agguerriti dibattevano sempre con me su tre argomenti scottanti: "pillola, Papa e celibato"! Il *Papa* attuale non è più un argomento scottante! *A suo favore* sono tutti – anche se non battezzati o se hanno lasciato la Chiesa!

Domanda: Che cosa apprezza o critica a Papa Francesco?

2. Castità

2.1. „Fuori dal mondo"

"Fuori dal mondo" è il titolo di un film italiano. Lo vidi al cinema alcuni anni fa. Racconta di una giovane suora, alla quale la superiora dice: "Lei non può ancora prendere i voti. È ancora immatura! Ha bisogno di fare più esperienza!" E, in effetti, poche settimane più tardi la giovane religiosa si trova un bebè tra le mani in un parco di Milano. Subito prova sentimenti materni. Vorrebbe tenere il bimbo, ma non le è permesso! Sic chiede: "Che cosa mi manca per essere una buona mamma di questo bebè?" La risposta è: un marito! Solo coppie sposate possono adottare un figlio.

Gran parte del film tratta, in seguito, del modo in cui la suora si mette alla ricerca del padre del bimbo. Era avvolto in un asciugamano. Vi era ancora fissata l'etichetta della lavanderia. E ciò rappresentava un indizio eloquente. La ragazza va anche a ballare. È molto bella, e un giovane s'innamora di lei. Alla domanda: "Sei già sposata?", la suora risponde: "Un po'!" Ridono entrambi: "Un po' sposata, un po' incinta, un po' divorziata!"

Dopo quest'avventura la suora torna a dedicarsi al bambino – e a suo padre. Lo trova. Cominciano a conoscersi e ad apprezzarsi l'un l'altra. Si abbracciano. Ma poi la suora prova un grande conflitto interiore. È combattuta. È una situazione drammatica per lei. Lotta per la sua vocazione. Infine si decide. Mette una catenina con una croce al collo del bimbo. Così benedice il suo bebè – e lo affida al buon Dio e ai genitori adottivi, trovatisi nel frattempo. Poi ritorna al suo convento.

Domanda: Lei può comprendere la decisione della suora?

2.2. Fedeltà

Una volta un paziente dell'ospedale mi disse: "Non riesco a cogliere un senso nell'uomo sulla croce! Non so davvero che cosa abbia a che fare con la mia vita! Mi è totalmente estraneo!" Ebbi bisogno di un attimo per riprendere fiato. Poi gli chiesi: "Lei è sposato?" Lui: "Sì." Io: "Ha mai fatto l'esperienza, di desiderare un'altra donna? E che cosa fa allora? Se acconsente ad incontrarla, poi ha la coscienza sporca! Ha mancato di fedeltà a Sua moglie! L'ha tradita! E, nonostante questo, Lei l'ama tanto! Dunque, ecco la domanda: Che cosa La potrebbe aiutare a restare fedele la prossima volta? Soprattutto il pensiero di sua moglie, i molti anni felici con lei, i figli avuti insieme e la stabilità affettiva nella Sua famiglia.

E La potrebbe aiutare il pensiero che altri uomini, simili a Lei, sono stati condotti in tentazione, ma hanno resistito. Quegli uomini hanno sofferto per una dura rinuncia! Quegli uomini hanno lottato e vinto! Per noi cristiani, Gesù è una persona che ha lottato e vinto.

Avrebbe potuto vivere in maniera totalmente diversa. Avrebbe sicuramente potuto evitare il martirio. Ma voleva restare *fedele*: a se stesso, alla sua missione, ai suoi amici – e al suo Dio. Non era facile neanche per lui neanche. Ha sofferto così tanto la notte prima della sua esecuzione, che "il suo sudore diventò come gocce di sangue che cadevano a terra" (Lc 22, 44). Ha avuto paura. Ha provato il desiderio di vita e di felicità. Ma alla fine ha acconsentito. E così è stato crocifisso.

Per noi questo significa che la nostra fedeltà è fortificata dalla sua fedeltà. Per questo guardiamo spesso alla croce. E per questo ci sono croci appese nelle aule delle scuole bavaresi. Noi alunni le potevamo modellare e cuocere con la creta. Così trovavamo un approccio personale alla croce. Nella casa di riposo il portinaio me ne ha appesa una al muro."

Domanda: Lei pensa sia importante appendere una croce nelle stanze?

2.3. Desideri

"Ho sempre voluto avere sei figli – e non ne ho nemmeno uno!" Così mi disse un'ospite della casa di riposo durante la conversazione pastorale. Io ero tranquillo. Avvertivo la sua delusione, la sua sconfitta. Poi le dissi: "I figli sono un dono di Dio. Però non sono dati a tutti. Questa è una ferita nella Sua vita, che potrebbe diventare una cicatrice, qui nella casa di riposo. Qui Lei ha l'opportunità di guardare alla Sua vita da una prospettiva mutata. Il filosofo danese Søren Kierkegaard (1813-1855) diceva: "Vivere è possibile soltanto in avanti. Comprendere la propria vita è possibile soltanto all'indietro!" Lei ha vissuto "in avanti" per molti decenni. Ora, nella vecchiaia, è chiamata ad interpretare e comprendere la Sua vita. "Com'è stata la mia vita? Ne sono contenta? È stata una vita piena?"

Il teologo tedesco protestante Dietrich Bonhoeffer guarda alla propria vita nella sua cella di morte. Il 9 aprile 1945 fu giustiziato dai nazisti come oppositore al regime. Una delle sue espressioni più notevoli recita: "Può esserci una vita piena nonostante i molti desideri irrealizzati". La signora senza sei figli non ha certo avuto una vita vuota e senza senso! Scegliendo la vita consacrata, noi religiosi rinunciamo volontariamente ad avere una moglie e dei figli. Vogliamo vivere per Dio e per Gesù Cristo. Come Maria a Betania (cfr. Gv 12, 1-11) prendiamo – in senso figurato – una libbra d'olio profumato di vero nardo, assai prezioso, per cospargere i piedi di Gesù. È la nostra dedizione a Gesù. Per Giuda Iscariota a quel tempo e per molte persone oggi, questo è uno spreco. Una vita simile non ha senso! La possibilità di procreare non si dovrebbe "buttare via" semplicemente. Ma noi uomini e donne consacrati lo facciamo per Gesù! L'amore per lui dà un gran senso alla nostra vita.

È vero che, da uomo religioso, anch'io sono felice di trovarmi nella famiglia di mio fratello ogni due mesi. I miei nipoti sono così cari con me. Il tempo passa così velocemente quando sto con loro. E, nonostante questo, ritorno a Monaco di Baviera, nel mio collegio. E la mia camera è vuota! Potrei allontanare il silenzio con del lavoro. Oppure prego, tollerando la tranquillità ed il vuoto. In questi momenti mi rendo conto della ferita che porta l'anziana signora senza i sei figli. Comprendo la sofferenza della sua vita. E, ciononostante, conservo la speranza che possa – come me – provare la gioia della vita piena, malgrado i tanti desideri irrealizzati.

Domanda: Quali sono stati i desideri della Sua vita? Quali si sono realizzati? Che cosa Le dà forza adesso?

2.4. "Bios" o "Theos"?

Da assistente spirituale nell'ospedale Josephinum a Monaco di Baviera, un giorno feci visita ad una paziente, una giovane biologa. Lei mi disse chiaramente: "Il Suo celibato è disumano! Nessuno è in grado di sottostarvi!" Io presi fiato; non sapevo che cosa dire in quel momento. Poi dissi: "Da biologa, Lei ha assolutamente ragione. Ma io sono teologo! Ed il "Theos", il Dio dentro di me, è più forte che il "bios", la mia vita naturale." Lei non seppe rispondere niente. Ma tante persone la pensano come lei! Vivono in una dimensione completamente materiale, naturale. E, in questa prospettiva, la riproduzione è assolutamente necessaria. Chi rinuncia alla sessualità, non lo si prende sul serio. Chi fa voto di castità, è destinato a fallire. *Dovrà* necessariamente rompere il suo voto. Altrimenti non sarebbe un uomo in carne e ossa. La riproduzione è l'obiettivo principale di tutti gli animali. E così anche per l'uomo! E così anche per l'uomo?? Davvero?

L'uomo è forse uguale ad una scimmia senza pelo? Anche l'uomo è schiavo dei propri istinti? All'inizio, in effetti: sì! Un bimbo è quasi totalmente abbandonato ai propri impulsi. Ma, attraverso l'educazione, bambino impara che fare una rinuncia per un povero è qualcosa di grande! Così, alla Prima Comunione, diesi parte del denaro ricevuto ai bambini in Africa. Non fu così facile per me! Ma poi ebbi la sensazione di aver fatto qualcosa di buono. Era il primo passo verso uno stile di vita, che supera l'egoismo attraverso la rinuncia e la disciplina. Così si prega nella Prefazione della Santa Messa la quarta domenica di Quaresima: "Con il digiuno del corpo tu riduci il peccato, alzi lo spirito, ci dai la forza e la vittoria attraverso il nostro Signore Gesù Cristo." Il gran guadagno dell'esercizio è che lo *spirito* s'innalza. La libertà interiore è il grande profitto dell'esercizio. E ciò è possibile, se ci si esercita davvero ogni giorno. Un pianista siede al piano per ore! Il consacrato rimane in preghiera ogni giorno per ore! Il primo lo fa per un concerto di successo. Il secondo vuole mostrare agli uomini le realtà spirituali.

Domanda: È difficile rinunciare a ciò cui si è affezionati per un bene superiore?

(Le sigarette, un grande appartamento, viaggi)

2.5. Il matrimonio di un parroco

Con una pastora protestante ebbi una conversazione più lunga. Mi raccontò: "Ho cinque figli, un marito, mi occupo di quasi tutte le faccende domestiche e di mezza parrocchia. Ad essere sincera, non mi resta molto tempo per la preghiera personale. Mio marito (parroco a sua volta) interviene in casa, se c'è qualcosa da riparare; è responsabile anche per la macchina, il giardino ed il cane – In conclusione, fa il parroco al 50%. Tutta la responsabilità per la parrocchia, la famiglia e la casa non ci lascia rimanere quasi altro tempo per la meditazione e la lettura della Bibbia!"

Io ascoltai tutto in silenzio e con attenzione – E allo stesso tempo pensavo: "Grazie a Dio che sono nell'Ordine!" Nell'Ordine dei Gesuiti, in particolare, la preghiera personale è molto importante. Ignazio di Loyola scrisse un libretto intitolato "Esercizi Spirituali".

In questo libro insegna a colui che si esercita la preghiera personale. Per noi qualche ora di preghiera al giorno è decisiva. Per proclamare la fede vale questo principio: posso parlare *di* Dio, solo se prima e dopo parlo *con* Dio. Accanto al malato sono presente in modo diverso, se un'ora prima ho meditato.

Una paziente protestante all'ospedale era entusiasta del suo pastore. "Lui non è un vecchio incartapecorito come gli altri! È del tutto secolare! Non predica mai di Dio! Predica riguardo ai problemi del matrimonio, dell'educazione dei figli, della politica e dello sport!" È chiaro, che un prete cattolico – vivendo da celibe – dispone di meno esperienza del matrimonio e della famiglia. Ma la fede non conosce soltanto una dimensione secolare; certamente ha un orientamento *orizzontale*; però questo non è tutto! Per la fede cristiana è decisivo anche lo sguardo verso l'alto. La dimensione orizzontale e quella *verticale* si completano; sono – per usare una metafora – il fronte e il verso di una medaglia. Chi vive nel celibato dà espressamente testimonianza di una fede aperta al cielo. Con la sua preghiera quotidiana , il celibe dimostra che la fede conosce una dimensione verticale.

Chiesi a una suora di Madre Teresa di Calcutta: "Quante ore pregate al giorno: tre?" La risposta fu: "Non tre, ma quattro ore!"

Domanda: La relazione del prete con Dio compensa la sua scarsa conoscenza della vita matrimoniale? Ci sono tempi di silenzio nella Sua vita?

2.6. La madre del bell'amore

"I monacensi confessano la propria vita sessuale" Così una stampa scandalistica di Monaco di Baviera cerca di attirare l'interesse dei lettori. In più una foto provocante: una coppia abbracciata su un letto! Il tutto portava il sottotitolo: "Così soddisfatti, Lui e Lei!" – Questo è ciò che i nostri contemporanei definiscono "amore". La parola "amore" è sulla bocca di tutti. Ma non sempre s'intende la stessa cosa. Gli uni mettono l'aspetto corporale o sessuale al primo piano. Gli altri considerano l'"amore" più globalmente. La sessualità è un'espressione corporale di ciò che si prova spiritualmente: i sentimenti, l'affetto, la stima. Un matrimonio riesce se la sessualità non è disordinata, ma è l'immagine riflessa dell'amore e della fedeltà. Come viviamo questo noi, cristiani consacrati, che abbiamo fatto voto di castità? Non abbiamo la possibilità di dare un'espressione esteriore del nostro affetto agli uomini. Come dobbiamo trattare il nostro desiderio sessuale in maniera adulta? In che modo possiamo integrare questo impulso elementare dell'uomo?
Per esempio attraverso una sana *devozione di Maria*. Il nostro fondatore Ignazio di Loyola passava una notteinterain preghiera (solamente in piedi o in ginocchio) a Montserrat, in Spagna, davanti al quadro della *Madonna Nera*. Poi, come scrisse molto più tardi, non era più sopraffatto da tentazioni sessuali. Il quadro di Maria s'impresse profondamente nella sua anima. Venerare Maria significa sublimare e spiritualizzare l'istinto sessuale. Non sono più il "sexus" e l'"eros" a dominare la mia vita e la mia attività, ma l'"agape", l'Amore bello. Così Maria nelle Litanie (Litania di Loreto 4) è invocata come "Madre del bell'amore". L'amore è bello se non mira al proprio vantaggio. Se è fedele. Se non agisce secondo il motto: "Io amo me, e per questo ho bisogno di te!" Maria è fedele! Lei ha accompagnato suo figlio fino alla croce. La maggior parte dei discepoli è fuggita. Maria è pronta. Lei è per noi la "Madre del bell'amore".
Domanda: Che cosa è per Lei un segno di vero amore?

3. Nell'obbedienza

3.1. La missione

Negli anni Settanta, in Germania, c'era una serie TV chiamata 'Il corriere dell'imperatrice'. Si trattava del soldato di cavalleria di nome Huber. Era il corriere di Sua Maestà imperiale Maria Teresa d'Austria . Visse molte avventure. Cavalcò spesso attraverso le line nemiche per consegnare le sue lettere. Una volta – in estremo pericolo – fu costretto a inghiottire la sua missiva, che sarebbe altrimenti caduta in mani nemiche. Da bambino mi entusiasmava questo soldato di cavalleria. Così provai veramente a mangiare la carta – come il mio amato corriere. Quello che più mi affascinava era la fedeltà alla sua imperatrice. Incontrava continuamente belle donne sul suo cammino. Tutte volevano scostarlo dalla sua missione: "Resta con me! Lascia che l'imperatrice faccia "l'imperatrice"! Noi ci sposiamo, fondiamo una famiglia e viviamo felicemente…" Inizialmente il soldato obbediva alle donne. Ma solo per poco. Il pensiero dell'imperatrice non lo lasciava tranquillo. Egli era al suo servizio. Gli aveva promesso fedeltà. Era bello stare dov'era – ma doveva andare avanti. La sua missione non permetteva nessuna scappatella. La ricompensa a Vienna fu semplice e al tempo stesso straordinaria. L'imperatrice gli accordò un'udienza privata. Gli fece raccontare le sue avventure. Lo ringraziò e gli strinse la mano. – E gli promise di affidargli una nuova missione. Il corriere ne fu felice e si rallegrò al pensiero del suo prossimo incarico.

Anche noi cristiani siamo al servizio di una grande Maestà, sì: della Maestà divina. Sant'Ignazio ne parla continuamente nel suo libretto degli Esercizi. Noi abbiamo fatto voto di fedeltà a questa Maestà. Facciamo molte esperienze sul nostro cammino. Sappiamo: potremmo sistemarci qui sulla terra. Potremmo lasciare che Dio faccia "Dio". Potremmo semplicemente vivere alla giornata. Ma, alla lunga, non saremmo felici. Abbiamo ascoltato la chiamata del re – della Maestà divina, che è percepibile nel Suo Figlio Gesù Cristo. Ci siamo rallegrati di adempiere alla missione di questo re. Ciò non è sempre facile. Un altro genere di vita sembra più piacevole. Ma, guardando indietro, siamo felici di essere rimasti fedeli. La Maestà ci ricompensa continuamente con la Sua udienza privata: nella contemplazione, nella lettura delle Sacre Scritture e nella Santa Messa ci è vicina. Lei ci lascia sentire il Suo affetto. Ci incoraggia a continuare. La spiritualità rende la vita avvincente. Questa missione le dà un senso profondo. Dedichiamoci ad essa ogni giorno di nuovo!

Domanda: Lei conosce il bel sentimento di essere stato fedele a Dio o ad un uomo – oppure di di aver perseguito una meta con perseveranza?

4. Senza violenza

4.1. La non-violenza

Un mio amico era obiettore di coscienza. Voleva vivere come Gesù proclama nel discorso della montagna: "Se uno ti percuote la guancia destra, tu porgigli anche l'altra" (Mt 5, 39). Alla fine degli anni Settanta dovette fare i conti con un "esame di coscienza". Doveva riflettere sulla sua intenzione di obiettare il servizio militare davanti ad una commissione Mi

raccontò più tardi ciò che volevano sapere. Una domanda era: "Se Lei ha o avesse una fidanzata – E questa viene attaccata - e Lei tiene un'arma in braccio: Che cosa farebbe?" Se il mio amico avesse detto: "Io difenderei la mia fidanzata con l'arma!", non avrebbe superato l'"esame di coscienza". La Bundeswehr, le forze armate della Germania, non conduce guerre d'attacco, ma di difesa, di legittima difesa. E questo è permesso al cristiano.
Anche Gesù non tollera tutto: è stato interrogato da Anna, suocero del sommo sacerdote Caifa: "Una delle guardie presenti diede uno schiaffo a Gesù, dicendo: "Cosi rispondi al sommo sacerdote?" Gli rispose Gesù: "Se ho parlato male, dimostrami dov'e' il male; ma se ho parlato bene, perche' mi percuoti?"(Gv 18, 23). Dunque Gesù non porge l'altra guancia, ma confronta Anna con l'ingiustizia del colpo subito. Non manda giù, ma reagisce.
Un mio confratello fece il servizio militare negli anni Ottanta. Come mi raccontò più tardi, la sua più grande preoccupazione era: "Speriamo che non debba colpite nessuno! Speriamo che la logica della dissuasione sia effettiva – e che non ci sarà una guerra! Speriamo che anch'io possa contribuire a questo insieme agli altri 500 000 soldati tedeschi!" Il soldato impedisce concretamente lo scoppio di una guerra. L'obiettore di coscienza vuole uscire dal circolo vizioso di violenza e contro-violenza. Devono essere uomini che non rendono pan per focaccia o, per citare la Bibbia: "Occhio per occhio e dente per dente." (Mt 5, 38). Ogni società ha bisogno di entrambi gruppi: quelli che rinunciano completamente all'uso della violenza – e quelli che impediscono lo scoppio di una guerra attraverso la dissuasione.
Domanda: E' bene di mandar giu' le offese, la violenza verbale? Oppure si deve rendere tutto?

4.2. Martirio

Una volta feci visita a un paziente all'ospedale. Il suo nome non dava nell'occhio. Ma durante la conversazione appresi che, in passato, era stato un generale dell'aviazione militare tedesca. Scattai interiormente sull'attenti! Però egli rifiutò che lo chiamassi ‚Signor Generale': "Questo è passato! Così era una volta! Dica semplicemente il mio nome!" E mi raccontò le sue esperienze nell'aviazione militare: "Ero in Afghanistan. Diedi ordine di bombardare. E tra le vittime c'erano anche civili. Questo mi pesa molto! Come posso elaborarlo?" Io dissi: "È chiaro che i civili afghani volevano vivere! Ma vivevano senza libertà! I Talebani rubavano loro la dignità umana. Il Suo onesto tentativo di eliminare i Talebani per la popolazione civile, fallì. Durante la Sua manovra sono sfortunatamente caduti i civili ai quali voleva garantire un'esistenza libera. Da generale, Lei ha agito in buona fede. I civili volevano la libertà, non soltanto sopravvivere ad ogni costo."

Prima di tutto c'è la nostra vita, per la cui conservazione noi lottiamo. Amiamo la nostra vita. Però ci sono anche valori per i quali siamo disposti a rischiare la vita. E così siamo al livello dei martiri.
Sant'Afra di Augusta, per esempio, visse – secondo la leggenda – una vita del tutto mondana. Era una prostituta nella città di Augusta all'inizio del Quarto secolo. Era l'epoca della persecuzione dei cristiani sotto Diocleziano. Il vescovo Narcissus di Geona si rifugiò nella casa di Afra. Egli si distingueva fortemente da quelli che conosceva. Non aveva intenzione di ottenere il suo corpo; piuttosto pregò. Ed il vescovo le raccontò di Gesù. In quel momento si aprì un nuovo mondo per Afra – e alla fine chiese il battesimo. Però questo voleva dire che non avrebbe più offerto sacrifici all'imperatore, ma solo al "kyrie" Gesù Cristo. La donna non disprezzava la sua vita. Ma Gesù Cristo le era così importante, che le rimase fedele – e che pagò il coraggio della propria fede con la vita. Nell'anno 304 fu bruciata su un'isola del fiume Lech. Afra non morì soltanto per un valore, come la 'libertà', ma per una persona, per un Tu divino.
Domanda: Che cosa consiglierebbe di fare al'ex-generale?
(Tenere conferenze, raccogliere denaro per l'Afghanistan)

5. Il "magis" (di più) ignaziano
5.1. Aspettare cose grandi

"È meglio un uovo oggi che una gallina domani!" così dicono gli italiani. Non possono aspettare. Si accontentano di troppo poco. Puntano sul cavallo perdente. Noi tedeschi diciamo, con lo stesso significato: "Besser ein Spatz in der Hand als eine Taube auf dem Dach:" (E' meglio un passero nella mano che una colomba sul tetto). La colomba è molto più preziosa. Ma nella mano "ho" già il passero. – Se traduciamo questo nella nostra vita, possiamo dire: "Io "ho" la vita qui sulla terra. La vita nei Cieli mi è troppo sconosciuta. È troppo incerta e nebulosa." – Ma Lei fa anche esperienza, quasi ogni giorno di non "avere" nemmeno la vita sulla terra in Suo possesso! Incontra sempre nuovi limiti: vedere, ascoltare, camminare, ricordare – queste capacità si riducono. La vita terrena non è solamente un sogno. Il passero nella mano non è ciò che mi riempie definitivamente. Per questo Karl Rahner inverte il senso della frase: "Per noi cristiani la colomba sul tetto è decisiva!" La vita terrena si dissolve. La vita nei Cieli rimane ed è senza fine. Dobbiamo desiderare ciò che è grande ed eterno. Non dobbiamo accontentarci di ciò che è piccolo.

Lo dimostra la storia seguente: un contadino, trova un'aquila ferita. La cura e la mette nel pollaio insieme alle galline. Poco dopo l'aquila razzola per terra e becca grani. Viene un amico del coltivatore e dice: "Che cos'è questa? È un'aquila!" L'agricoltore risponde: "È una gallina adesso!" L'amico afferra l'aquila e dice: "Aquila, tu sei un'aquila, vola!" Ma l'uccello ritorna a terra e continua a beccare grani. Anche il secondo tentativo si conclude a vuoto. Allora l'amico porta con sé l'aquila su una collina. Non appena il sole si è alzato, l'amico supplica l'uccello: "Aquila , tu sei un'aquila!" Allora il corpo dell'uccello si scuote, riceve forza nelle ali – e vola verso il sole.
Domanda: Lei aspetta qualcosa di grande?

5.2. Il lavoro dei sogni

Una volta ero in metropolitana e vidi questa pubblicità: "Si rivolga a noi! Le procuriamo il *lavoro dei Suoi sogni*!" Così passai tutto il viaggio a pensare quale fosse il lavoro dei miei sogni. E cioè: "Il lavoro dei miei sogni dovrebbe a che fare con le *persone*. Con persone che sono aperte, che hanno del tempo e che sono grate. Al lavoro dei miei sogni dovrebbe precedere una *formazione*, che prepari veramente alla professione. Il lavoro dei miei sogni dovrebbe avere a che fare con la *musica*, con la chitarra e con l'organo. I miei talenti dovrebbero entrare in gioco il più possibile. E il lavoro dei miei sogni dovrebbe servire *il Più Grande*!"
Lei conosce forse la leggenda di Cristoforo: era un uomo forte e robusto. Aveva questa volontà: io servo solamente il più grande e il più potente! Così andò alla corte del Re. Il Re era così ricco e potente. Ma più tardi Cristoforo si rese conto che anche il Re aveva paura: della morte e del diavolo. Allora Cristoforo decise di servire il diavolo. Fino a che non apprese che anche il diavolo temeva qualcosa: l'acqua benedetta, il segno della croce, Cristo. Così Cristoforo errò per tutto il mondo alla ricerca del potente Cristo, del quale aveva paura addirittura il diavolo. Voleva servire il più potente di tutti. Solo lui merita il nostro pieno impegno e la nostra dedizione. Poi Cristoforo incontra degli uomini in pericolo e li aiuta: avevano bisogno di un uomo grande che li traportasse oltre il fiume. Così egli traportò anche Cristo. Diventava in questo modo il "portatore di Cristo", in greco: "Cristo-phoros". -
Il lavoro dei miei sogni dovrebbe dunque realizzare il servizio di Dio, il Più Alto e Grande. Quando riflettei su tutto questo, mi resi conto: io già *pratico* il lavoro dei miei sogni! *Mi trovo* insieme a persone gentili nella casa di riposo, all'ospedale, nella parrocchia e nell'Ordine. Ho

avuto una buona formazione da gesuita. Ho bisogno della ma chitarra e dell'organo. E in questo modo servo Dio, il Più Alto!
Domanda: Che cosa avrebbe potuto essere il lavoro dei Suoi sogni? Che attività ha sognato di praticare?

5.3. Il "magis" a contatto con la terra: l'umiltà

"Immer ducken, alles schlucken, niemals mucken, auf Jesus gucken!" (Sempre sottomettersi, tutto mandar giù, mai fiatare, guardare a Gesù!) – Così un critico del cristianesimo si fa beffe della virtù dell'umiltà. Friedrich Nietzsche (1844-1900) parla addirittura di "religione degli schiavi". Il cristianesimo è qualcosa per i deboli. Nietzsche, invece, proclama "l'uomo superiore." Questi non obbedisce a nessuno e il mondo appartiene a lui! I nazisti presero per sé quest'idea. La razza tedesca è la razza superiore, gli ebrei sono esseri inferiori. Le conseguenze sono note.
Il filosofo ebreo Emmanuel Levinas (1905-1995), sopravvissuto ad un campo di concentramento, parla invece dell'incontro "all'altezza degli occhi." L'altro mi guarda. Io mi rendo conto che anche lui o lei è un essere umano. Realizzo che ha un grande valore, che gli devo rispetto e stima verso. Perché questo non funzionava nei campi di concentramento? Perché l'ideologia nazista era più forte di una religione umana.
Ma proprio questo dimostra quant'è importante la fede in Dio. Chi orienta la propria vita verso Gesù Cristo, non vuole ergersi su un cavallo come un dominatore, ma preferisce cavalcare un'asina come Gesù all'ingresso di Gerusalemme. Un discepolo di Gesù non deride i peccatori, ma si mette in fila e si lascia battezzare da Giovanni – come Gesù e tutti gli altri. Chi vuole imitare Gesù, prende la strada verso il basso. Gesù è il Dio "disceso quaggiù"! Era come Dio – e, nonostante questo, è diventato un uomo! Per me, la sua uguaglianza con Dio significa che egli aveva una relazione speciale con Jahvè, che ha chiamato suo padre. Il suo appellativo era ‚Abbà, Papa', papino'! Questo è un caso unico nella Bibbia ebraica! Nessun profeta prima di Gesù aveva chiamato il 'Signore degli Eserciti' , il 'Signore Zebaoth' con un tale vezzeggiativo! E questa relazione viva e fiduciosa con Dio diede molta forza a Gesù. Così poteva tollerare l'ostilità dei farisei. Poteva portare il peso dei malati e dei peccatori. E poteva accettare la sua condanna. Cerchiamo anche noi di portare il carico degli altri.
Domanda: Chi porta il Suo peso nella quotidianità?
(Cuoche, lavandaie, donne delle pulizie, infermiere, familiari, amiche, vicine)

VIII. Esperienze tra la vita e la morte

1. Morire

1.1. Fare alpinismo

Molti di noi sono andati in montagna in passato. C'erano quelli che usano il bastone da passeggio. Erano dunque *passeggiatori.* Si rallegravano se il sentiero era retto e piano. Il cammino era la meta. Godevano l'aria fresca, il buon tempo ed il movimento. Quando ne avevano abbastanza, si giravano e tornavano indietro. Come ho detto: il cammino è la meta. Del tutto diverso era per gli *scalatori.* Questi pendevano alla parete di roccia. "Andavano con corde e con ganci, la morte sulla nuca" – così si dice nel canto popolare "Bergvagabunden" (vagabondi della montagna).

La maggior parte di *noi* non era tra gli scalatori, ma neanche solo tra i passeggiatori. Stavamo tra gli estremi. Eravamo *alpinisti.* Il movimento, l'aria fresca ed il buon tempo erano importanti. Ma volevamo anche salire in vetta. Il cammino *non* era la meta. Cominciavamo l'escursione in montagna con la chiara intenzione di salire quei 2000 o 3000 metri. E questo ci costava molto. Forse era addirittura pericoloso qualche volta. Ma ci riuscivamo. E: "Una stretta di mano, un sorriso, dimenticate le fatiche, tutto va bene." Così recita ancora il canto di vagabondi della montagna.

Perché racconto l'esperienza dell' alpinista? Perché la vita è paragonabile ad un'escursione in montagna. Per gli uni "il cammino è la meta". Vivono alla giornata. Non chiedono: "Da dove vengo? Dove vado?" Però esiste anche un'altra attitudine: San Paolo scrive ai Filippesi (3, 13 s): "Dimentico del passato e proteso verso il futuro, corro verso la meta per arrivare al premio che Dio ci chiama a ricevere lassù, in Cristo Gesù."

Per noi alpinisti ciò significa: tenete la vetta davanti agli occhi! Lottate! Perseverate! L'ultimo costone del monte è spesso il più ripido e faticoso. Ma la vostra ricompensa sarà grande! Salirete sulla cima, dalla quale godrete una vista meravigliosa, e il mondo della montagna sarà ai vostri piedi – e voi direte: "Ne è valsa la pena!"

1.2. Ciclico-lineare

Una volta, durante la lezione di religione, spiegai la durata dell'anno sotto questi tre ordini: l'anno civile da Capodanno a San Silvestro, l'anno liturgico dall'Avvento fino a Cristo Re, e l'anno personale, segnato da compleanno, onomastico, anniversario delle nozze o dei voti. Allora un'allieva mi chiese: "Quale dei tre anni è quello giusto?" Io risposi: "Tutti e tre sono importanti! La nostra vita si sviluppa per cicli. Il cerchio si chiude sempre nuovamente."

Però, considerando l'anno personale, si rivela il seguente aspetto: non sono più lo stesso che al mio ultimo compleanno. La mia vita è progredita. L'immagine corretta non è dunque il cerchio, ma la *spirale.* Questa va in avanti: verso l'alto o verso il fondo. È ciclica e al tempo stesso lineare. Ci sono un progresso ed uno sviluppo. La nostra vita ha una meta!
Per illustrarlo con un'immagine: siamo tutti delle navi, che viaggiano sul mare. Ma non ci giriamo solamente in cerchio. Non facciamo solo 80, 90 o 100 giri – per poi affondare. No, la nostra nave ha una rotta. Va in avanti. Abbiamo una meta. Siamo diretti verso un porto. Ciò dà un senso al viaggio della nostra nave o della nostra vita. Perciò è sbagliato lasciare che le cose seguano il loro corso, e vivere alla giornata senza senso né intelligenza. Il porto natio è la meta del viaggio della nostra nave, della nostra vita.
All'inizio ci sembra che la nostra vita si sviluppi circolarmente: festeggiamo i nostri compleanni, soprattutto quelli "tondi". Il sindaco stesso viene nella casa di riposo e fare gli auguri. E alcune inquiline sono orgogliose della loro età: 'Così vecchi non diventano in tanti', mi disse un'anziana signora. Un' altra invece: 'Ho davvero già tanti anni sulle spalle?' Io: ‚Spero che Lei li porti nel cuore. Non sono solamente un carico, ma anche un tesoro. Lei è diventata sempre più matura – e va verso la grande meta.'
Domanda: Lei porta i Suoi anni sulle spalle – oppure nel cuore? Sono un carico – o un tesoro?

1.3. Patria

Una volta un'ospite della casa di riposo mi disse: "Sto male! Non ho più una patria!" Io risposi così: "La patria è il luogo in cui sono vissuti i nostri genitori. È qui che sono cresciuto. È qui che sono i miei amici e le mie buone conoscenze. È qui che si parla il mio dialetto. È qui che conosco ed amo il paesaggio. Sì, Signora, Lei non ha più questa patria. Ma non è chiedere troppo? Non può almeno dire della casa di riposo: è bene che sia qui! È bene che non debba più preoccuparmi per me stessa. È bene che abbia molto tempo per leggere, ascoltare la radio e guardare la TV. È bene che possa osservare la natura dalla mia finestra. È bene che mi facciano continuamente visita nuove persone. È bene che la famiglia possa riunirsi nella mia stanza."
Corriamo il pericolo di apprezzare troppo il passato e di disprezzare il presente. Anche Mosé, nell'Antico Testamento, aveva i suoi problemi. Condusse il popolo d'Israele fuori dalla schiavitù. E nel deserto gli Israeliti desideravano i piatti di carne che consumavano in Egitto (cf. Es 16, 3). È chiaro che provavano fame e sete nel cammino attraverso il deserto del Sinai. È chiaro che la loro situazione non era ideale. Ma non aveva senso voler tornare in Egitto per

questo motivo! Come avevano trasfigurato il passato! Quanta carne ricevevano gli schiavi egiziani?
Una simile trasfigurazione del passato si ritrova nel canto popolare 'Es war im Böhmerwald...' (C'era nella Selva Boema). Vi è espresso il desiderio profondo di molti profughi di guerra, espulsi dalla propria patria dopo il 1945. Non abbandonarono volontariamente la patria. E così trasfigurano la propria infanzia, per esempio nella seconda strofa: "O grazioso tempo dell'infanzia, ritorna ancora una volta, dove ho giocato e goduto della massima felicità..."
Dov'è la Sua patria? Forse qui, dove Lei ha vissuto per decenni? Dove conosce e apprezza le persone? Certo molti ospiti, qui nella casa di riposo, fanno anche l'esperienza che le loro conoscenze muoiano! In questa patria ci sono sempre meno amici e conoscenti. È vero: la patria diventa 'strana'!
L'apostolo Paolo dice per questo nella lettera ai Filippesi (3, 20): "La nostra patria invece è nei Cieli." Veniamo da Dio e andiamo a Dio! Nel Medioevo la terra era il luogo dell''esilio' (nel canto mariano 'Salve Regina' gli uomini sono 'exules filii Evae'). Un'ospite della casa di riposo parlava delle 'vacanze' sulla terra. Così è piu' bello! Le vacanze sono qualcosa di volontario, che si fa volentieri, di cui si gode – delle quali però si sa che finiranno, che la patria è nei Cieli!
Riguardo a questo una storia: di sera tardi un turista bussa alla porta di un monastero benedettino. Per favore, mi accolga per *una* notte! Non ho trovato nessun'altra stanza. Solo per una notte!" Il padre della foresteria risponde: "Lo possiamo fare. Per favore, mi segua!" E mostra al turista una cella. Qui c'è un letto, un tavolo ed una sedia – nient'altro! Allora il turista si rivolge al monaco: "Dunque, dove sono l'armadio, il cassettone ed il comodino?" Egli risponde: "Dunque, dov'e' da Lei l'armadio, il cassettone ed il tavolino da notte?" Il turista ribatte: "Io sono solamente di *passaggio*!" Allora il padre benedettino risponde: "Anche noi monaci siamo solamente di *passaggio*!"

1.4. La paura della demenza

"Divento tutta matta!" Così mi disse un'inquilina della casa di riposo durante una singolare conversazione. "Non riesco a ricordarmi i nomi. Qualche volta non so più che cosa ha detto mia figlia poco prima. Ho tanta *paura*, che ciò peggiori ancora!" Io risposi: "Lei non ne è responsabile! Non è assolutamente colpa Sua! È la vecchiaia. Problemi simili coinvolgono molte persone. È del tutto naturale. E Lei qui, nella casa di riposo, è un'ospite adeguata! È al posto giusto. Qui ci sono infermieri che L'aiutano. Qui Lei ha la Sua camera. Nessuno Gliela

contende. Lei vive qui. Tutto questo appartiene a Lei. Qui La vengono a trovare gli amici e i parenti. Questi La amano. Perciò sono indulgenti con le Sue debolezze.
Hanno teso una rete per Lei – come nel circo! Gli acrobati fanno esercizi meravigliosi. Volano nell'aria. Sì, fanno addirittura il "salto mortale". E se fanno un piccolo sbaglio, non cadono a terra. Non si rompono l'osso del collo. No, una rete flessibile è tesa sotto di loro. Se cadono, questa li acchiappa al volo, salvando loro la vita. E, allo stesso modo, una rete è tesa per Lei. Non avviene una catastrofe se Lei ha bisogno d'aiuto. Lei cade in una rete, ne viene acchiappata e si alza di nuovo. Ciò che vale per la casa e per gli operatori, è trasferibile a Dio: Lei cade nelle sue mani. Egli vuole toglierLe la paura di diventare anziana. Ci acchiappa se cadiamo, se perdiamo il coraggio, se abbiamo paura. La fede in Dio dà la forza di guardare all'avvenire con fiducia. Sì, *possiamo* cadere e *cadremo*. Ma mai più profondamente che nelle mani di Dio."

1.5. Riconciliazione

Un'ospite della casa di riposo era molto ammalata. Era sul letto di morte, ma non poteva morire. Perché? Da guida spirituale appresi, parlando con la figlia, che un fratello aveva rotto con sua madre. Viveva a Monaco di Baviera, ma non le aveva ancora mai fatto visita! Io chiesi alla figlia di invitarlo nella casa di riposo. La madre l'aspettava tanto! E, in effetti, il figlio venne una domenica pomeriggio. Il giorno dopo sua madre era morta. Si era liberata di un carico enorme. Poteva andare sollevata all'Aldilà, perché aveva visto suo figlio ancora una volta! –
Feci un'esperienza simile con un' altra inquilina. Era in conflitto con la sorella. Non aveva mai fatto visita alla casa di riposo. Ne parlai con l'inquilina e sua figlia: "Lei non vuole vedere ancora una volta Sua sorella?" L'inquilina: "No, non lo voglio!" La figlia: "Mamma, parla con il cuore, non con la testa! Davvero il tuo cuore non vorrebbe rivedere la zia?" La signora era silenziosa, si sforzava di trovare le parole giuste e poi disse: "Sì, vorrei rivederla!" Sua figlia organizzò la visita della zia. Come guida spirituale, la conobbi anch'io: anche lei si presentò al commiato dell'inquilina, dopo la sua morte. Era già la terza volta, mi disse. È così bello superare una separazione e riconciliarsi!
Domanda: Perché per noi uomini è così difficile chiedere perdono? Siamo troppo orgogliosi? Il nostro IO è troppo debole per ammettere i propri errori e chiedere scusa?

1.6. L'ultimo mese

In un film americano un uomo di 70 anni viene a sapere che può vivere ancora per *un* mese. Ne è colpito e turbato! Ma poi decide di utilizzare al meglio i suoi ultimi 30 giorni di vita. Fa il giro del mondo insieme ad un amico. Realizza il desiderio della sua vita. Gode fino in fondo della sua esistenza. Nonostante sappia nell'intimo della sua anima che sta per morire. Ma questi pensieri sono subito repressi. E raccoglie impressioni in abbondanza nel suo giro del mondo. Solo: non è questa una fuga dal compito di prepararsi alla morte? Non è un'evasione in attività superficiali, mentre ci si dovrebbe confrontare con le domande essenziali?

Anche nell'Ordine ci capitò di porci la domanda: "Che cosa farei se avessi ancora *un* mese di vita?" Un compagno disse: "Andrei a trovare tutti i miei amici e familiari. Darei molto più peso alle relazioni nelle ultime settimane. Così mi preparerei alla morte." –

Un altro compagno commentò: "Io, nell'ultimo mese, non farei altro di diverso da ciò che ho già fatto negli anni precedenti: continuerei a studiare. Questo è il mio compito!" Si potrebbe obiettare che gli studi sono la preparazione al servizio futuro. Ma a che scopo, se non esiste un avvenire sulla terra? – Io dissi: "Io pregerei ancora più che altrimenti. Così mi preparerei all'incontro con Gesù. Questo è l'aspetto decisivo nell'ora della morte. Io vado a Lui. Egli mi si mostra con un volto lieto e benevolo. Gesù è il mio amico. Nella preghiera ho sempre tenuto la Sua icona davanti agli occhi. Dopo la morte vedrò la realtà divina, che ho desiderato per tutta la mia vita."

Domanda: Che cosa farebbe Lei, se avesse ancora *un* mese di vita?

1.7. Le ultime parole

Durante il noviziato lavorai per due mesi in un ospedale di Innsbruck come infermiere ausiliare. Qui potei accompagnare una paziente alla morte. Voleva diventare suora. Ma non realizzò questo desiderio. Rimaneva comunque una donna molto religiosa. All'inizio potevamo ancora conversare. Poi il suo cancro alla laringe le impedì di parlare. Scriveva brevi messaggi su un foglietto. Più tardi anche questo non fu più possibile. Alla fine era sul suo letto: muta e gemente. Io la tenevo per mano, le davo da mangiare e pregavo la via crucis. I suoi dolori la misero in relazione ai dolori di Gesù. Provavano le stesse paure e avevano la stessa fiducia in Dio. Così la paziente pregava interiormente la via crucis insieme a me. Alla fine rantolò un "Amen!" Questa fu l'ultima parola che le sentii dire. –

Wolfgang Amadeus Mozart muore con la supplica: "Chiamami!". L'ultima opera di Mozart fu il suo requiem. Egli presagiva che questa composizione sarebbe stata suonata al suo funerale. Per questo tardava a concluderla. Lavorava sempre ad un'altra musica. Ma il committente fece una pressione. Voleva quella composizione il prima possibile. E Mozart scriveva e scriveva. Ciò che provò da moribondo lo trasferì nella sua musica. Il "Dies irae", il giorno dell'ira" è composto in toni scuri in sol minore. È la tonalità più cupa di Mozart. E poi il "Confutatis": "Confutatis maledictis flammis acribus addictis, flammis acribus addictis": "I malvagi condannati sono consegnati a fiamme divampanti". Bassi profondissimi riproducono l'Inferno. Lo scenario infernale si fa minaccioso, con note puntate. La paura della morte, del tribunale, dell'Inferno: Mozart lo avverte totalmente nella sua persona. E lo trasferisce in musica. Ma poi giunge il grande contrasto. I bassi dell'Inferno sono silenziosi. Segue una pausa più lunga. Poi il soprano canta con assoluta tranquillità, su un do lungo e chiaro: "Voca me, voca me" – "chiamami!" È l'ultima parola di Mozart: "Chiamami!" Qui la partitura s'interrompe. Qui si conclude la composizione di Mozart. Un allievo la porterà avanti più tardi. Ma Mozart muore con quelle due brevi parole sulle labbra "Voca me – chiamami!" - Una volta un paziente mi accolse con le parole: "Padre, non sprechi il suo tempo! Per me non c'è più niente da fare!" Io gli spiegai che avrei passato volentieri del tempo con lui. Dopo qualche andirivieni sedevo accanto al suo letto in una camera singola. Lui: "Ho avuto molta sfortuna nella mia vita! Il matrimonio è fallito, con i figli sono in litigio, il lavoro non riusciva, la Chiesa l'ho abbandonata!" Come guida spirituale fui molto colpito. Come potevo aiutare quell'uomo? Raccontai la storia di Gesù in croce (Lc 23, 39 ss). Il ladrone, crocifisso alla sua destra, gli domanda di stargli molto vicino. Seguì un momento di silenzio. Poi il paziente mi disse: "Io, anch'io vorrei essere vicino a Gesù." Queste furono le ultime parole che mi rivolse. La visita il giorno successivo fu inutile: era già in coma!

Domanda: Che cosa desidera dire come Sua ultima parola?

2. Continuare a vivere

2.1. Attraverso la "Fuggerei" ad Augusta

Ogni anno, 10 o 12 giovani confratelli da tutto il mondo sono ospitati nel nostro collegio dei gesuiti a Monaco di Baviera. Vogliono imparare la lingua tedesca e conoscere la nostra coltura. È ormai tradizione che io li guidi attraverso la mia città natale, Augusta. Prima di tutto visitiamo la chiesa protestante di Sant'Anna. Poi San Pietro, con il quadro votivo di "Maria che scioglie i nodi".

E alla fine visitiamo anche la *"Fuggerei"*. Il suo fondatore, Jakob Fugger (1459-1525), era l' uomo più ricco che avesse mai vissuto in Germania. Solo, pochi anni prima della morte ebbe paura. "È piu' facile che un cammello passi per la cruna di un ago, che un ricco entri nel Regno dei Cieli", lesse nel Vangelo (Mt 19, 24). Così pensò: è meglio fare qualcosa! Fondò 106 appartamenti per abitanti poveri e cattolici di Augusta. Non dovevano pagare quasi nessun affitto, ma erano obbligati a pregare per il loro benefattore: alla mattina, a mezzogiorno e alla sera un Padrenostro ed un'Ave Maria. Jakob Fugger, il ricco, sperava così di entrare nei Cieli! Molti, oggi, criticano questo atteggiamento, di volersi guadagnare la vita eterna con il proprio denaro. Però la "Fuggerei" fu una grande benedizione per i suoi abitanti . E i soldi furono, in ogni caso, investiti meglio così, che nelle guerre del Cinquecento. Per i turisti la "Fuggerei" è una grande attrazione, perché è il quartiere popolare più antico del mondo.

2.2. In Inferno e Purgatorio

"Non appena il denaro tintinna nel sacchetto, l'anima entra nei Cieli!" – Così proclamava Johann Tetzel, un domenicano tedesco del Cinquecento. Predicava le indulgenze e raccoglieva i soldi per il Papa. Martin Lutero insorse contro il commercio delle indulgenze. Le sue 95 tesi condannavano, tra l'altro, la maniera indegna con cui si annunciava l'indulgenza. A Tetzel fu impedito poco dopo di predicare da parte della Chiesa cattolica. Così non va! Non si possono mettere "preghiera" e "denaro" sullo stesso piano. Ma com'è con l'Aldilà, con l'Inferno? "Se tu devi andare all'Inferno, allora vorrei venirci anch'io!" Così disse una paziente dell'ospedale a suo marito durante la mia visita pastorale. La coppia si amava tanto, che non voleva essere separata mai. Ma proprio questo è il *Cielo*! All'Inferno non esiste l'amore! All'Inferno ci sono quelli che non vogliono lasciarsi amare da Dio e dagli uomini. Si oppongono all'amore. Le porte dell'inferno sono chiuse dall'interno. Non è Dio che condanna ed esclude. No, loro stessi non vogliono alcuna comunione.

Non si può essere mandati forzatamente nei Cieli. La *possibilità* dell'Inferno deve essere data, perché l'uomo è libero di rifiutare la comunione con Dio e con gli uomini. Però non sappiamo se l'Inferno, la mancanza assoluta di relazioni, sia *realtà* per qualche persona. La Chiesa ha proclamato la santità di molti uomini. Nessuna persona ha dichiarato essere dannata. Nemmeno Adolf Hitler. È certo che sta vivendo un'intensa purificazione in Purgatorio. Io lo immagino: si deve scusare con ogni singolo ebreo che ha ucciso. Questo fa male, brucia. Ma non è una condizione eterna.
I cristiani protestanti non conoscono il Purgatorio, perché nella Bibbia non è scritto niente a riguardo. Però la pastora luterana, durante un celebrazione funebre nella casa di riposo, disse: "Pensiamo ora a come il defunto ci ha ferito in parole e azioni. E perdoniamolo. Pensiamo anche a come *noi* abbiamo ferito il defunto. E chiediamo perdono! Ciò non deve più trovarsi tra noi e lui. Dev'essere purificato!" E la pastora fece un breve momento di silenzio. Le esperienze penose si ripresentarono nella memoria. Fu come un piccolo Purgatorio; la colpa fu sentita e perdonata.
Domanda: Che cosa può fare Lei, se si sente colpevole?

2.3. Sopravvivere alla morte

"La morte è l'orizzonte della vita. Ma l'orizzonte è soltanto il limite della vista!" Così era scritto su una pagina di calendario. Appena siamo là, l'orizzonte si sposta oltre. Ora, da qui, non vediamo come sarà! Ma possiamo avere fiducia: andrà oltre! Quest'esperienza è caratteristica per l'uomo. In tutte le culture si è creduto all'Aldilà. Gli indiani credevano in una caccia eterna, perché la caccia era la loro ragione di vita.
Gli antichi egizi costruivano piramidi. Così speravano di sopravvivere. Il faraone si premurava per tutta la sua vita della propria morte. La piramide riservata alla sua salma era la massima opera della sua vita. Qui veniva imbalsamato e poteva sopravvivere come mummia per migliaia di anni. Ma questa è una vita?
Gli israeliti rifiutavano questo culto funebre. Si rivolgevano alla vita. Non volevano occuparsi della morte. Abramo morì *sazio di giorni* (cfr. Gen. 25, 8). Aveva avuto una vita lunga e piena. Poteva dunque morire lieto e in pace. Solo nell II secolo a.C. nacque la speranza di un sopravvivenza ultraterrena, presso Dio. I Maccabei lottavano per la liberazione d'Israele. Caddero giovani. Non erano sazi di giorni. Che cosa ne sarà di loro? Hanno combattuto invano? Presso i Maccabei, gli ebrei temerari, si sviluppò la fede in un Dio giusto, che risuscita coloro che hanno dato la vita per la propria fede. È la prima volta che nella Bibbia è attestata la convinzione nella resurrezione da parte Dio.

Il cristianesimo porta avanti questa dottrina. Il defunto non si dissolve . No: il suo Io, la sua persona rimane e starà eternamente di fronte a Dio o a Gesù Cristo. Un'ospite della casa di riposo obiettò: "Che cosa faccio con *Gesù* per tutta l'eternità?" Io risposi: "Lei sarà nei Cieli con Suo marito. E non deve temere nessuna fine o interruzione."
Domanda: Con chi vorrebbe stare in eterno?

2.4. Cambiamento

Qualche volta Loro mi mostrano l'album fotografico, quando faccio Loro visita. Spesso ne rimango stupefatto. "Questo sono io da scolara." – mi dice. Io guardo la foto da più vicino e mi chiedo: "Che cosa ha a che fare questa bambina con l'anziana signora che mi sta accanto? Che cosa è rimasta invariato? È davvero la stessa persona!"
Quando un film racconta la storia di una persona, le scene dell'infanzia e della vita adulta sono recitate da attori diversi. Quest'ospite della casa di riposo è, invece, la stessa persona rispetto alla scolara del passato.
Lei ha una carta d'identità risalente alla Sua gioventù. Questa dimostra che Lei è la stessa persona. Ma non è in alcun modo una persona uguale a prima. È il problema del ‚cambiamento', del 'divenire '. Ciò significa: *lo stesso non rimane uguale.* Nella vita quotidiana confondiamo spesso queste due parole. Si possono distinguere così: nel cimitero di guerra ogni soldato giace in una tomba uguale. Ciascuno ha una propria, piccola tomba. Ogni tomba presenta una croce uguale. Ogni tomba è uguale. E ce ne sono moltissime. Una famiglia, invece, è sepolta nella stessa tomba, una sola. Tutti membri della famiglia sono nella stessa tomba.
La nostra signora è, dunque, sempre la stessa dalla nascita o, per meglio dire, dal concepimento. Però non è sempre uguale. È cambiata. Ma che cosa si è mantenuto invariato? La risposta è: lei dice 'io' – e pensa sempre allo stesso 'io'. L''io', l'anima, si mantiene invariata. Dal suo concepimento quella donna conserva un'anima spirituale. E l'anima si mantiene anche oltre il gran cambiamento della morte. Quella stessa persona sale in Cielo. Eppure non si tratta solo di qualcosa di puramente spirituale, che permane per l'eternità. L'uomo vive (per lo più) per alcuni decenni sulla terra. Le molte esperienze con le cose, le piante, gli animali e gli uomini hanno lasciato un'impronta sulla sua anima. La terra è parte di questo compimento. Questo s'intende quando si afferma: "Il *corpo* risorge"!

2.5. Buddismo

"I giapponesi sono uguali ai cinesi!" Devo pensare sempre a questa frase, quando la gente non fa differenze. È vero, visti dagli europei, un giapponese si distingue appena da un cinese! Però se si vive in Giappone, se ci si occupa della lingua, se si ha contatto con la cultura, ci si accorge che c'è una grande differenza fra i giapponesi e i cinesi! Lo stesso vale per le rispettive religioni. Il *buddismo*, in Oriente, insegna la reincarnazione. Devo veramente ritornare continuamente su questa terra per espiare ed elaborare i miei peccati? Oppure posso credere, da *cristiano*, che con la morte giungerò subito a Dio? Posso credere che il pentimento e l'espiazione delle colpe avvengono nell'incontro con Gesù?

La reincarnazione è come un mulino che gira inesorabilmente. Sono costretto a tormentarmi incessantemente qui sulla terra. Non esistono la grazia e l'amore di Dio. E quando, da buddista, ho concluso il ciclo delle molte reincarnazioni – che cosa mia aspetta poi? Poi mi sciolgo nel Nirvana (in sanscrito: "l'estinguersi"). Mi sciolgo nell'universo: come il sale nell'acqua. E questo, alla fine, è il mio 'Cielo'? Questa può essere la meta di una vita umana – sciogliersi ed estinguersi totalmente?

La speranza cristiana è molto più bella! Crediamo che potremo stare in eterno di fronte a Dio. Dio è un TU. E questa è la differenza principale fra le due religioni. Eppure anche in Europa, molti contemporanei credono che la descrizione di Dio come persona sia troppo terrena rispetto alla Sua grandezza e sublimità. Dio è davvero un TU, una persona? Io penso: "Se già Lei ed io siamo una persona, e se questo è l'aspetto più alto di un uomo, allora anche il nostro Creatore deve essere almeno una persona. Come noi, anche Lui può comunicare ed è disponibile a parlare. In questo l'uomo si distingue da tutti gli altri animali. La personalità è la coscienza di se stesso e la capacità di comunicare. È significativo che Gesù avesse una relazione familiare con il Dio creatore Jahwé – e che si rivolgesse a Lui come "Abbà, Papà, babbo".

Domanda: Lei crede che il cristianesimo possa tenere testa nella competizione con le altre religioni: 'Chi ha più fede, speranza e carità?'

2.6. La reincarnazione

Una volta visitai all'ospedale un'educatrice della mia età proveniente dalla Germania dell'Est. Ci confrontammo sull'etica marxista, che presenta molti punti in comune con l'etica cristiana. Parlammo anche del fine-vita, della morte. Lei ammise di avere avuto spesso incubi al riguardo! Mi chiese: "E Lei va dai moribondi? Consola i loro familiari? Dona loro parole di speranza? – Io non lo potrei fare mai e poi mai!" Io: "Sì, questa è esattamente la differenza fra

cristianesimo e marxismo, fra fede ed ateismo! Noi uomini religiosi siamo convinti che l'unità di anima e corpo continua a vivere." – Ribatté: "E dove?"
Io: "Alcuni dicono: 'L'anima si reincarna in un bimbo!' Quando il Dalai-Lama, il capo dei buddisti, muore, i sacerdoti investigano in quale neonato egli si possa essere reincarnato. Quale bambino risponde alle esigenze che la reincarnazione di un Dalai-Lama comporta? Il bimbo trovato vive adesso nella pagoda, nella casa di Dio – insieme ai sacerdoti. E viene educato a futuro capo della comunità religiosa.
Anche da noi, in Europa, la fede nella reincarnazione si fa sempre più frequente. La vita è troppo corta per raccogliere abbastanza conoscenze ed esperienze. Un 'déjà-vu' (' già visto') ne è spesso la prova: durante le vacanze vedo, per esempio, un monumento per la prima volta. E, nonostante questo, sono sicuro di averlo già visto una volta – dunque in una vita anteriore. Coloro che credono nella reincarnazione, ne trovano un riferimento anche nella Bibbia: 'Passando vide [Gesù] un uomo *cieco dalla nascita* e i suoi discepoli lo interrogarono: "Rabbi, chi ha peccato, lui o i suoi genitori, perché egli nascesse cieco?" (Gv 9, 1s). 'Come 'cieco dalla nascita' egli può avere peccato soltanto in una vita *anteriore*!' – così viene argomentato.
Per Gesù, invece, la sola ed unica vita sulla terra è la preparazione ai Cieli. Non devo aver fatto tutte le esperienze possibili! Non devo aver viaggiato in ogni continente! Non devo aver letto tutti i libri! Ma devo aver amato Dio e gli uomini! Il Cielo è la meta dell'unica vita. Qui sono gli unici genitori e l'unico partner avuti durante l'esistenza terrena.
Domanda: Lei si rallegra all'idea di rivedere il suo partner, i suoi genitori ed i suoi nonni?

2.7. Il Cielo

"Nella vecchiaia il salterio!" Nella vecchiaia la gente diventa pia – e prega i salmi della Bibbia! Così pensai una volta. Le persone anziane hanno molto tempo libero, sono vicini al Cielo – e pregano. Ma in questo commisi un errore! Solo se le preghiere sono state imparate durante l'infanzia, sono fruibili nella vecchiaia. Da bambini andavamo a letto sempre secondo lo stesso rituale: ci era permesso ascoltare alla radio la trasmissione per i bambini di 5 minuti ("Betthupferl"). La radio si spegneva alle 7 di sera, si pregava insieme, e poi ogni figlio riceveva l'abbraccio della buonanotte – e la croce sulla fronte. La preghiera comune rinforzava il sentimento di sicurezza trasmessoci dai genitori.
Con i nonni era simile. Passai spesso le vacanze con loro nella Svevia del Danubio. La nonna mi accompagnava sempre a letto. Pregava: "Buon Dio, fammi pio, così che un giorno salga al

Cielo!" E alla parola "Cielo" mi abbracciava. Tutto il suo amore verso di me lo metteva in questa parola. Così la gioia per il Cielo mi fu infusa già nell'infanzia.

Questa gioia è caratteristica anche per San Paolo. Così scrive: "La nostra patria è nei Cieli" (Fil 3, 20). Nelle prime celebrazioni alla casa di riposo tornai spesso su questo desiderio. Ciò provocò le critiche della mia responsabile nella Diocesi: "Gli ospiti s'interessano di molto altri temi che solo dei Cieli!" Questa critica mi aiutò a riconsiderare tutta la gamma di temi che toccano gli abitanti. Cercai di mostrare che i Cieli, il mondo di Dio, non rappresenta un livello parallelo alla nostra quotidianità. Il Cielo comincia qui ed oggi. Il Cielo di Dio brilla nel nostro mondo, che è spesso così buio e imperfetto. Le esperienze umane della bellezza, dell'amicizia, della felicità e della riconciliazione sono mediazioni di questo mondo divino; e noi cristiani attendiamo con ardente desiderio il Suo arrivo definitivo. Il mondo di Dio si mostra già nella routine quotidiana. Scopra Lei stesso le mediazioni della gioia eterna!

Domanda: Quali temi La interessano?

(Famiglia, conflitto e riconciliazione, salute, ecologia, Dio, Cielo)

2.8. Animali in Cielo

"Anche il mio cane Lassie salirà in Cielo?" – così mi chiese una volta un ragazzo di 9 anni. Io risposi: "Se tu sarai completamente felice in Cielo solo in presenza della tua Lassie, allora anche il tuo cane salirà in Cielo." Fu solo una magra consolazione da parte mia? Oppure gli animali salgono davvero in Cielo? Che vale a dire: gli animali hanno una sorta di anima! In latino: "Animal quasi animam habet." Così scrive il teologo più grande del Medioevo, Tommaso d'Aquino. Suona ridondante in italiano e in latino: animale ed anima. Però questa frase ha un gran senso. L'animale non è solamente materia, come una pietra. Vive, si muove, ha una coscienza. Esiste qualcosa d'immateriale, di spirituale nell'animale. Ha un "Io", un'anima che sale in Cielo. Ma molti si pongono questa domanda: lassù c'è forse abbastanza *spazio* per così tanti uomini, e addirittura per così tanti animali? Ora, il corpo di tutte le creature è destinato a decomporsi. Tutti gli uomini e tutti gli animali diventano polvere. L'anima è qualcosa di spirituale. Così essa non è legata alla materia. Non ha bisogno di spazio. I teologi medievali si posero la domanda: "Quanti angeli possono stare sulla punta di un ago?" Gli angeli sono esseri spirituali. Non hanno un corpo. Non occupano uno spazio. Sulla punta di un ago lo spazio è molto limitato. E, ciononostante, un'infinità di angeli può starvi sulla punta, perché non sono legati a spazio e tempo. Ciò che è spirituale non ha bisogno di spazio e di tempo. È sempre e dappertutto. *Noi* siamo fissati allo spazio e al tempo, perché abbiamo un corpo. Questo ci lega fermamente ad una città, ad una casa; la dimensione

temporale ci fissa al giorno d'oggi. Nel cielo non avremo più un corpo. E così il problema dello "spazio nel Cielo" si dimostra essere falso. Ed anche la domanda sulla beatitudine eterna degli animali può essere risposta positivamente. Dio è così buono con la Sua creazione, da volerla avere presso di sé sempre e per tutta l'eternità.
Domanda: Le vengono in mente alcuni animali che desidererebbe vedere in Cielo?

2.9. Rivedersi

Qualche anno fa vidi un programma alla televisione che mi è rimasto in mente. Era un "talk-show" che trattava di un personaggio famoso. Questi raccontava la sua vita. Così parlò, per esempio, dei suoi anni di scuola. E, all' improvviso, il suo migliore amico di quel tempo stava accanto a lui. La televisione aveva fatto ricerche – e aveva invitato il compagno di scuola al talk-show. I due amici non si vedevano da decenni.
Che sorpresa! Che gioia! E il nostro personaggio famoso raccontò anche dei suoi studi, del suo primo posto di lavoro ecc. E, anche questa volta, la TV aveva invitato una persona che gli era stata vicina in diverse fasi della vita. Erano scene molto emozionanti. Gli invitati lanciavano gridi di gioia. Abbracciavano l'amico e lo baciavano. I telespettatori erano testimoni di un rivedersi del tutto gioioso.
E oggi vorrei trasferire questo rivedersi alla televisione al rivedersi nei *Cieli.* I nostri defunti non sono morti! Sant'Agostino dice: Risorgere è la nostra fede, rivedere è la nostra speranza, e ricordare è il nostro amore. Che *risorgeremo*, lo vediamo con Gesù. Lui non ha fallito la sua missione sulla croce, ma ha vinto, è la vittoria dell'amore sulla violenza brutale. Che *ricordiamo* i nostri defunti, è ovvio per noi. Ma che li *rivedremo*, questo è per molti di noi "troppo bello per essere vero!" Si, è una speranza. Gesù parla del "banchetto di nozze celeste"! Ed il Cielo è una tale festa: un rivedersi gioioso con tutti gli uomini che abbiamo amato. Con un'inquilina della casa di riposo provai a parlare del "*morire*". Mi disse: "No, del morire non ne vogliamo parlare. La morte è così brutta!" – Dalle conversazioni precedenti appresi che la donna aveva avuto una buona relazione con suo marito. Allora dissi: "Ma Signora, così Lei rivedrà suo marito defunto!" Rispose: "Sì? Davvero? – Allora piuttosto oggi che domani!"
Domanda: Lei confida che Dio possa fare qualcosa che è "troppo bello per essere vero"?

C) Conclusione

"Scrivete per voi stessi, non per i posteri!" Così disse il nostro maestro dei novizi Pater Herbert Graupner SJ al mio primo anno di noviziato. Ci raccomandò di scrivere un diario.

Perché, da uomo celibe, un religioso non ha quasi nessuno a cui raccontare le esperienze della sua quotidianità. Piuttosto si sfoga scrivendo. Colui che scrive regolarmente un diario, ha bisogno di una certa disciplina. Però le esperienze ricevono così un peso, che sarebbe altrimenti senza importanza nella vita quotidiana. Lo stesso è vero anche per i momenti di spiritualità nelle conversazioni pastorali. Usiamo molte parole. Con una metafora: molti detriti si depositano nel crivello del cercatore d'oro. Ma qualche volta brilla un grano d'oro. E questo può essere conservato, se dopo la conversazione vado a meditare, e se le parole del mio interlocutore mi risuonano nella mente. È chiaro che poi scrivo la sua testimonianza di fede nel diario. Il giorno seguente rileggo le osservazioni, sottolineo la più importante – e magari ne traggo un impulso spirituale. Il libro che sta leggendo è nato così. Vuole raccontare la fede degli uomini con i quali ero e sono in cammino. E vuole rinforzare la fede di coloro che ne vengono in contatto.

D) Ringraziamento

Alla fine di questo libro devo esprimere il mio ringraziamento: tante grazie di cuore al mio amico e confratello Pater Klaus Jochum SJ. In molte conversazioni si è interessato delle mie esperienze nella pastorale; le ha commentate e accompagnate. Da lettore del mio libro mi ha aiutato molto.

Un gran ringraziamento va anche a mio fratello, il referente pastorale Franz-Stefan Bauer. Lui si è occupato della correzione del manoscritto tedesco, tanto nel contenuto quanto nella lingua.

Molte grazie sono dovute anche al giovane collaboratore italiano che ha corretto la mia traduzione del libro.

Un ringraziamento speciale va a mia madre, che ha sostenuto questo mio progetto finanziariamente ed idealmente.

L'autore:

Dietmar Bauer SJ, nato nel 1963 a Friedberg / Augusta, gesuita dal 1982, conclude gli studi di filosofia e teologia, è attivo in aree socialmente difficili; lavora con diversamente abili, nel centro giovanile, nell'assistenza alle stazioni, nella parrocchia. Come diacono permanente (dal 2005) si occupa della pastorale per pazienti d'ospedale e anziani a Monaco di Baviera.

yes

I want morebooks!

Buy your books fast and straightforward online - at one of world's fastest growing online book stores! Environmentally sound due to Print-on-Demand technologies.

Buy your books online at
www.morebooks.shop

Compra i tuoi libri rapidamente e direttamente da internet, in una delle librerie on-line cresciuta più velocemente nel mondo! Produzione che garantisce la tutela dell'ambiente grazie all'uso della tecnologia di "stampa a domanda".

Compra i tuoi libri on-line su
www.morebooks.shop

KS OmniScriptum Publishing
Brivibas gatve 197
LV-1039 Riga, Latvia
Telefax: +371 686 204 55

info@omniscriptum.com
www.omniscriptum.com

Printed by Books on Demand GmbH, Norderstedt / Germany